Max Scheller

Zoll und Markt im 12. und 13. Jahrhundert

Max Scheller

Zoll und Markt im 12. und 13. Jahrhundert

ISBN/EAN: 9783955642846

Auflage: 1

Erscheinungsjahr: 2013

Erscheinungsort: Bremen, Deutschland

@ EHV-History in Access Verlag GmbH, Fahrenheitstr. 1, 28359 Bremen. Alle Rechte beim Verlag und bei den jeweiligen Lizenzgebern.

Zoll und Markt

im

12. und 13. Jahrhundert.

M. Scheller

Blankenhain,
M. Schlimpers Nachfolger
1903.

Einleitung.

Das Markt- und Zollwesen in den deutschen Städten des Mittelalters hat gerade in den letzten Jahren die Aufmerksamkeit der Forscher in weitgehendem Maße auf sich gelenkt. Besonders die wirtschaftliche Seite der mittelalterlichen Stadt ist der Gegenstand lebhaften Interesses unter den Gelehrten gewesen und ist von Historikern und Juristen oft und eingehend behandelt worden. Trotzdem wollen wir uns in dieser Arbeit noch einmal der Betrachtung der städtischen Zoll- und Marktverhältnisse des XII. und XIII. Jahrhunderts zuwenden. Mancherlei Gründe rechtfertigen dieses Unternehmen. Bücher[1]) hat den Satz von der Selbstgenügsamkeit der mittelalterlichen Stadt, von der Ausschließlichkeit der Stadtwirtschaft scharf formuliert mit den Worten: „Jede Stadt bildet mit ihrer näheren oder weiteren ländlichen Umgebung ein wirtschaftliches Ganzes, einen Wirtschaftsorganismus, wenn dieses viel gemißbrauchte Wort gestattet ist, innerhalb dessen sich der ganze Kreislauf des ökonomischen Lebens selbständig vollzieht." v. Below hat die Einseitigkeit dieser Lehre aufgedeckt. Lamprecht[2]) schließt wohl die Annahme der Existenz eines außerstädtischen Handels nicht aus, glaubt aber ausdrücklich bemerken zu sollen: daß „es falsch wäre, sich einen regen Güterverkehr schon für das XIII. Jahrhundert überhaupt bestehend zu denken, abgesehen etwa von den großgrundherrlichen Transporten." Dieser Ansicht ist nicht beizupflichten, und Lamprecht korrigiert sie gewissermaßen selbst in seinem Werke,[3]) wo er die Verkehrshöhe in den mittelrheinischen Territorien unserer Zeit behandelt. Hier weist er auf Grund des

---

[1]) Entstehung der Volkswirtschaft und Bevölkerung von Frankfurt, S. 499/500.
[2]) Deutsches Wirtschaftsleben im Mittelalter II. S. 240.
[3]) Lamprecht, a. a. O. II., S. 335—50.

urkundlichen Materials u. a. nach, daß die Stadt Köln an einem weitverzweigten Handel nach allen Himmelsrichtungen hin sich rege beteiligte. Die Kölner Bürger reisten zu den großen Messen in der Champagne; es läßt sich ein stetiger Handel zwischen Köln und Rom konstatieren, außerdem herrschte Handelsverkehr mit allen im Mittelalter in Betracht kommenden Ländern, nämlich mit: Ungarn, Böhmen, Polen, Bayern, Schwaben, Sachsen, Thüringen, Hessen, dem Osterland, Flandern, Brabant. Daneben geben die berühmten Koblenzer Tarife von S. Simeon 1104, 1209, um 1300 ein anschauliches Bild von der Richtung des Handels auf dem Rhein und auf der Mosel.

v. Below[1]) hat nachgewiesen, daß die Vorstellung von einem zu jener Zeit weitverbreiteten Stande der Großhändler in das Reich der Legende gehört. Ebenso aber hat Keutgen[2]) gezeigt, daß ein nicht unbeträchtlicher Großhandel im 13. und 14. Jahrhundert betrieben worden ist. Auch das steht im Gegensatz zu der Idee der abgeschlossenen Stadtwirtschaft.

Die bisherigen Arbeiten über die städtischen Marktverhältnisse behandeln die Anfänge des Marktes und des Marktrechtes, das Verhältnis des letzteren zum Stadtrecht[3]). Lamprecht hat für die mittelrheinischen Territorien vorgearbeitet, indem er in ausführlicher Weise die wirtschaftlichen Verhältnisse untersuchte. Sodann wurden in namhaften Arbeiten gewisse Seiten des städtischen Marktes einer wissenschaftlichen Betrachtung unterzogen wie das Zollrecht, Gästerecht oder wiederum die Zollverhältnisse gewisser Territorien, so die Zölle an der Elbe, am Main und am Rhein. Gerade in diesen lokalgeschichtlichen Arbeiten begegnen wir der Tatsache, daß der Versuch gemacht

---

[1]) Großhändler und Kleinhändler in Hildebrandts Jahrbücher für Nationalökonomie und Statistik Bd. 75.

[2]) Keutgen. Der Großhandel im Mittelalter in Hans. Geschichtsblätter XXIX.

[3]) Keutgen, Untersuchungen über den Ursprung der deutschen Stadtverfassung. Leipzig 1895. Der Ursprung der deutschen Stadtverfassung in: „Neve Jahrbücher 2c." 1900. Rietschel: Markt und Stadt in ihrem rechtlichen Verhältnis. Leipzig 1897. Hegel: Die Entstehung des deutschen Städtewesens. 1898.

III

wird, die für die bestimmte Gegend geltenden Verhältnisse auch auf weitere Gebiete zu übertragen, und oft sehr mit Unrecht. Uns wird es darauf ankommen, die in den verschiedenen Gegenden herrschenden Zustände zu einem allgemeinen Bilde zu vereinigen, durch welche Zusammenfassung auf manches ein helleres Licht geworfen werden wird. Es kann dabei nicht ausbleiben, daß die schon von anderen gefundenen Resultate geprüft und einer genauen Kritik unterzogen werden. Dabei können wir einige Seiten darstellen, die bisher keine Berücksichtigung fanden oder deren in allgemeinen Werken nur in großen Zügen gedacht worden ist.

Wir glauben, den sehr reichhaltigen Stoff am besten bewältigen zu können, wenn wir zunächst der Bedeutung des städtischen Handels gedenken, wobei die Fragen über Groß- und Kleinhandel resp. über den Charakter des Jahr- und Wochen- und ständigen Marktes behandelt werden wird.

In einem Kapitel über die Zölle werden wir zeigen, wie der Marktzoll in den verschiedensten Modifikationen auftritt, wer zur Bezahlung dieser verschiedenen Zollarten verpflichtet ist, in welcher Weise die Zölle erhoben werden, und welcher Art die Zollabgaben gewesen sind.

Daran gliedert sich eine Auseinandersetzung über das Zolltechnische in den Tarifen.

Im Schlußkapitel werden wir die Fragen behandeln, ob die städtische Politik Schutzzölle erhoben habe in Rücksicht auf die einheimische Industrie, nach welchen Gesichtspunkten die Zollhöhe für die verschiedenen Fremden bemessen wurde, ob sie Gebührenzölle oder Finanzzölle gewesen sind.

Daran anschließend machen wir einen Vorschlag für die Erklärung dieser Verhältnisse.

Kapitel I.
Der Markt im allgemeinen.

Der Markt gehört zu den Regalien, d. h. er durfte nur mit ausdrücklicher königlicher Genehmigung errichtet werden. Der König verleiht nun gewöhnlich den Markt, ohne jedoch dadurch den Anspruch auf die oberste Autorität in Regelung der Marktverhältnisse aufzugeben. Als stereotype Ausdrücke für Marktverleihungen kehren in den Urkunden immer wieder die Verleihung eines mercatus cum banno, moneta ac theloneo schon vom X. Jahrhundert an. Im Besitze des Privilegs befindet sich der Marktherr, der eine weltliche oder kirchlich hochstehende Person, ein Kloster ec. sein konnte. Dem Marktherrn stand es frei, den verliehenen Markt innerhalb seines Besitztums an einen anderen Ort zu verlegen, wenn dort dasselbe Recht Gültigkeit hatte. Der Marktherr hat den Genuß der Einkünfte aus Zoll und Münze, und schließlich erhält er auch die Gerichtsbarkeit auf dem Markt. Außerdem ist er der Wahrer des Marktfriedens.[1] Der Marktfriede hat den Inhalt, den Kaufmann und seine Ware zu schützen. Das wichtigste Dokument hierfür besitzen wir in der Stiftungsurkunde von Freiburg[2] aus dem Jahre 1120. Ego vero pacem et securitatem itineris omnibus forum meum querentibus in mea potestate et regimine meo promitto. Si quis eorum in hoc spacio depredatus fuerit, si predatorem nominaverit, aut reddi faciam aut ego persolvam. Dieser Friede hat Geltung innerhalb des Marktgebietes, ja noch darüber hinaus innerhalb der Bannmeile. Das Besondere der Strafe für Marktfriedens=

---

[1] Über die Symbole des Marktfriedens und die daraus gezogenen Folgerungen cf. Keutgen: Untersuchungen S. 72 Anm. 2.
[2] Keutgen: Urkunden Nr. 133 § 1.

brüche liegt darin, daß den Frevler der bannus noster oder bannus regius, der Königsbann trifft, d. h. die Bezahlung von 60 ß.[1]

Verhängt wird diese Strafe von dem Marktrichter, dem iudex fori, der mit dem ordentlichen Richter des Ortes zu identifizieren ist.[2] Er wirkt hier als Vertreter des Marktherrn. Wenn auch die Gerichtsbarkeit an Jahr= und Wochenmärkten dem Inhaber des Marktes zusteht, so bleibt der Vollzug der Strafe jedoch bei dem öffentlichen Richter, dem iudex provinciae.

Später tritt auch eine Änderung in der Privilegsadresse ein. Während diese anfänglich vom König an den Marktherrn gerichtet ist, verleiht später der König den Markt nicht mehr, sondern der Marktherr überträgt ihn den mercatores.

Der Ort, auf dem die Märkte abgehalten wurden, war nicht immer ein geräumiger Platz, sondern oft bloß eine er= weiterte Straße.[3] Jedenfalls aber gehörte der Marktort zu den ältesten Stadtteilen.[4] Es kam auch vor, daß der Markt= platz für den Verkehr zu klein war, weshalb man die nächst= liegenden Straßen mit heranzog. Dies ging aber nicht ohne ausdrückliche behördliche Genehmigung.[5] Jahr= und Wochen= markt wurden nicht immer auf ein und demselben Platz ab= gehalten. Der Hauptgrund ist auch wohl hier in der Raum= frage zu suchen.

Kapitel II.
Der ständige Markt und die periodischen Märkte in der Stadt.

In der mittelalterlichen Stadt ist eine dreifache Bewegung des Handels zu konstatieren. Es ist dies:

---

[1] Mayer: Zoll, Kaufmannschaft und Markt ꝛc. in: Germanistische Ab= handlungen zum 70. Geburtstage K. v. Maurers. S. 387.

[2] Keutgen: Untersuchungen S. 69.

[3] Philippi: Die westfälischen Bischofsstädte S. 13.

[4] Philippi: Die westfälischen Bischofsstädte S. 8—10. Die Pläne zu den Städten.

[5] Gengler: Deutsche Stadtrechtsaltertümer S. 135. Erlangen 1882.

a. Der Handel innerhalb der Stadt, der zustande kommt durch den ständigen Verkauf der Bürger in ihren Läden und auf den periodischen Märkten in der Stadt.

b. Der Handel zwischen Stadt und dem umgebenden Land, der in der Hauptsache durch den Wochenmarkt hervorgebracht wird.

c. Der Handel zwischen Stadt und Stadt oder Ausland, der sich abspielt auf dem Jahrmarkt in dem kaufmännischen Verkehr zwischen Einheimischen und Fremden oder zwischen den Fremden untereinander.

Wir werden im folgenden sehen, daß diese drei Arten des Handels sich in mehr als einer Hinsicht von einander unterscheiden, sodaß sich für jede eine bestimmte charakteristische Eigenschaft herausfinden läßt. Sie unterscheiden sich von einander hinsichtlich der Heimat der Käufer und Verkäufer, hinsichtlich der Waren und hinsichtlich der Frage, ob sie dem Groß- oder Kleinhandel dienen.

a. Der Handel innerhalb der Stadt

spielte im wesentlichen sich ab in den Gaden, Lauben, Kellern. Diese Verkaufsstellen befanden sich im Erdgeschoß der Häuser, in welchen die betreffenden Handwerker wohnen. Hier lagen sie ihren Geschäften ungehindert ob, und ihre Kunden waren die Bewohner der Stadt.[1]) Zur Zeit der Märkte jedoch wird ihnen nicht selten der Verkauf in ihren häuslichen Läden durch Verordnung seitens des Marktherrn untersagt, und sie werden damit auf den Markt selbst gewiesen. Dies nennt man den **bannus macelli** oder **Scharrenbann**.[2]) Dahingehend lautet eine Verordnung Emichos, des Bischofs und Marktherrn von Worms, für die Schuhmacher daselbst vom

---

[1]) Anmerkg. Auch durch die festen Kaufbuden der Handwerker und besonders der Krämer, die hier und dort in der Stadt verstreut einen ständigen Platz hatten, wird der innerstädtische Handel vermittelt (vergl. Näheres unten cap. III c die städtischen Verkaufsvorrichtungen).

[2]) Die allgemeine Bezeichnung für Verkaufsstelle war macellum, mit publicum verbunden heißt es auch einmal Markt: si V. solidis appreciari potest et superari potest, quod aut in macello publico aut in conventu . . . . . . debitori vadiatus sit Boos I. U B I S. 45 XXXII. Keutgen: Ursprung der deutschen Stadtverf. S. 185 Anm. 2.

21. April 1299.[1]) So haben wir mit gegenwertigen schriften erkent zu ordnen sin, das alle schumacher auf margtage in Kaufungen und verkaufungen irer schu an gemeinem platz oder stent inen von alter verordnet steen sollen und sol keiner sunst anders dun in sinem haus oder under siner haus thoren an margtagen schu verkaufen in einichem wege. Solche Verordnungen hatten den Zweck, den Kaufmann und Gewerbetreibenden zu veranlassen, während des Wochenmarktes den Markt zu besuchen, damit den umwohnenden Landbewohnern Kaufgelegenheit geboten würde.

Wenn wir uns nunmehr der Betrachtung der periodischen oder intermittierenden Märkte zuwenden, so müssen wir sagen, daß der Handel auf ihnen im Vergleich zu demselben in den Läden der einheimischen Kaufleute ein ganz anderer ist. Er unterscheidet sich von jenem nicht sowohl durch die Waren, denn die einheimischen Kaufleute kaufen ja für ihre heimischen Läden draußen auf den Jahrmärkten ein; vielmehr wird der Unterschied charakterisiert durch das Publikum, welches sich hier am Kauf und Verkauf beteiligt. Wir werden noch Gelegenheit nehmen, in anderem Zusammenhang[2]) ausführlicher dieser Seite der intermittierenden Märkte zu gedenken.

Hier kommt es uns darauf an, ihre charakteristischen Merkmale hervorzukehren.

b. Der Wochenmarkt.

Die Namen für den Wochenmarkt in den Urkunden sind forum hebdomadale oder septimanale, forum schlechthin, mercatum in omni ebdomada habendi, wochenmart, weckenmart.[3]) Der Wochenmarkt ist das erste Bedürfnis einer gegründeten Stadt, da er für die Existenz der ansässigen Kaufleute und Handwerker, der Leute, die die Urkunden mit dem zusammenfassenden Begriff mercatores bezeichnen, durchaus nötig ist. Und auf der anderen Seite ist auch ein Wochenmarkt ohne die

---

[1]) Boos I. U B I Nr. 494. Urkundenbuch der Stadt Worms in: Quellen der Gesch. der Stadt Worms.

[2]) Vergl. cap. III.

[3]) Gengler: Deutsche Stadtrechts-Altertümer. Erlangen 1882 S. 150.

mercatores der Stadt undenkbar. So machen wir auch, wenn wir nach der Entstehungszeit des Wochenmarktes forschen, die Beobachtung, daß er sehr früh entstanden ist, und zwar entweder vor oder zugleich mit dem Jahrmarkt. Es ist uns nirgends eine detaillierte Marktordnung überliefert, und doch sind wir in der Lage, uns ein einigermaßen vollständiges Bild von dem Wochenmarkt zu entwerfen. Wir sind dabei angewiesen auf vereinzelte Angaben in den Urkunden. Die Zollrollen sind hier unsere Hauptquelle.

Wenn wir den Wochenmarkt kurz charakterisieren wollen, so müssen wir sagen, er trägt im Gegensatz zum Jahrmarkt ein lokales Gepräge; er ist der Markt der Einheimischen und der Nachbarn. Da er für den Bürger gedacht ist, soll er auch ihm allein Nutzen bringen. Daher haben wir hier Handelsverbote den fremden Kaufleuten gegenüber, vor allen Dingen gegen die fremden Handwerker aus Konkurrenzgründen. Er ist der Markt der einheimischen Handwerker. Bei dem Wochenmarkt herrscht der Marktfriede innerhalb eines gewissen Bezirkes. Nach dem Wortlaut der Verleihungsurkunden konnte der Wochenmarkt so oft abgehalten werden, als dem Marktherrn nötig erschien, oder es kam vor, daß sofort in der Verleihungsurkunde vorgeschrieben war, wie oft er stattfinden sollte resp. durfte. So kam es, daß er in den einzelnen Städten je nach Bedarf einmal wöchentlich, in den großen Städten wie Köln z. B., sogar täglich abgehalten wurde.

Schon in früher Zeit verschenkte der Erzbischof von Köln die Marktzölle oder veräußerte sie als Lehen. Im Jahre 1084 schenkte der Erzbischof Sigewin von Köln der Abtei Gr. St. Martin den Marktzoll vom Mittwoch jeder Woche; Sonntag und Dienstag besaßen ihn die Erbkämmerer und Montag, Donnerstag, Freitag und Sonnabend die Erbvögte als Lehen vom Erzbischof und verliehen ihn wieder weiter an Kölner Bürger.[1]) So ist aus dem Wochenmarkt ein Tagesmarkt hier geworden.

Die auf dem Wochenmarkt feilgebotenen Waren bestanden

---

[1]) Friedrich Lau: Entwickelung der kommunalen Verfassung und Verwaltung der Stadt Köln. Bonn 1898. S. 59.

nicht nur in Lebensmitteln, sondern auch in Gebrauchsgegenständen, Wirtschaftsgeräten, Kleidungsstücken. Der städtische Wochenmarkt trägt somit den Charakter der Abgeschlossenheit innerhalb der Stadt; der Produzent und der Konsument sind dadurch in ein Verhältnis der gegenseitigen Abhängigkeit von einander gebracht. Fremde Ware ist verboten; der fremde Kaufmann ist auf dem Wochenmarkte im allgemeinen kein gern gesehener Gast.

Ganz anders ist die Stellung des fremden Kaufmanns auf dem Jahrmarkt.

c. Der Jahrmarkt.

Die Urkunden nennen den Jahrmarkt meist nundinae, mercatum annuale, forum annuale, nundinae, quae forum annuale dicuntur in vulgari, nundinae annuales et generales, annuales nundinae que vulgariter dicuntur iarmergt u. a.[1]

In Köln haben die Kaufleute aus Lüttich und Huy[2] an den drei Jahrmärkten, zu Ostern, im August und im Oktober, weitgehende Vergünstigungen. Sie bezahlen nur den Marktzoll für verkaufte Waren, der während des Augustmarktes noch dazu um die Hälfte erniedrigt ist. Si autem stagnum, lanam, lardum unguentum vel quod ad pondus pertinet vendiderint, venditor nihil omnino sed emptor consuetudinem dabit. Diese Bestimmung enthält eine große Begünstigung der Fremden. Während sonst üblich war, daß Käufer und Verkäufer sich in den Zoll teilen, oder, wie es naturgemäß erscheint, der Verkäufer ihn bezahlt, sind hier in Köln auf dem Jahrmarkt die Käufer verpflichtet, ihn zu hinterlegen. Diese für die Fremden günstigen Momente sollen sie zum Besuch des Jahrmarktes einladen und festhalten.

Th. Stolze kommt in seiner Dissertation S. 15 ff., wo er über die Stellung der Gäste auf dem Jahrmarkt spricht, zu ganz anderen Resultaten, weshalb es angezeigt erscheint, seine Meinung zu hören und zu prüfen. Er sagt dort: „Es ließe sich mit einiger Sicherheit nachweisen, daß der Gast auf den

---

[1] Gengler a. a. O. S. 149.
[2] Hans. Urk. B. I. S. 13.

Kölner Jahrmärkten des XII. und XIII. Jahrhunderts mehr und mehr im Handel beschränkt wird."

Hiermit wäre dem allgemein gültigen Satz,[1] daß der Jahrmarkt der Markt der Händler sei, die aus weiter Ferne kommen, hinsichtlich Kölns im XII. und XIII. Jahrhundert die Richtigkeit abgesprochen. Prüfen wir daher die von Stolze herangezogenen Urkunden noch einmal nach. Es kommen in Betracht die Tarife von 1103, 1171, 1203 (die beiden letzteren sind ziemlich gleich), 1259.

Die Rolle 1103[2] bestimmt das Zollrecht der Kaufleute von Lüttich und Huy. Es handelt sich im wesentlichen um die Regelung ihrer Stellung auf den Jahrmärkten

1) zu Ostern,
2) am 1. August,
3) am 23. Oktober.

Außerdem wird noch die Frage der Durchfahrt durch Köln nach Dortmund und den Bergwerken am Harz berührt, und der Zoll auf Kupfer, das sie von dort beziehen, auf der Heimfahrt durch Köln festgelegt. Die genannten Kaufleute werden in Köln nach dieser Urkunde als Verkaufende gedacht und vor allen Dingen wieder als Importierende des Kupfers, das in Köln ein sehr begehrtes und scheinbar zu irgend welcher Industrie notwendig gebrauchtes Metall seinerzeit gewesen ist. Denn darauf fußt die eigentümliche Bestimmung betreffs des Umladens. Die fragliche Stelle in der Urkunde lautet: Et si in Saxoniam transierint aut versus Tremunge et cuprum vel quodlibet aliud detulerint, eundo nihil dabunt, redeundo autem, si carro deposuerint et iterum reposuerint 4 den. dabunt.[3] Lau meint, die höheren Tarifsätze hätten das Umladen erschweren sollen zum Zwecke der Lokalisierung des Handels nach Köln. Diese Erklärung paßt in den Rahmen der übrigen Zollbestimmungen der Urkunde sehr gut. Die von Köln ausgehenden Straßen waren wegen ihres guten Zustandes berühmt,[4] und die von hier

---

[1] Keutgen, Unters. S. 188.
[2] H. U. B. III. Nr. 601.
[3] Vergl. hierzu auch Lau S. 61 [1]).
[4] Lamprecht II S. 336.

aus nach Flandern zu beginnende ebene Gegend erlaubte natürlich viel größere Lasten zu verfrachten, als es in dem Bergland ostwärts nach dem Harz zu möglich war. Man kann annehmen, daß die Kaufleute aus Lüttich und Huy in Köln Station zu machen gewohnt waren in der Weise, daß der eine Teil der Geschirre immer den Verkehr zwischen Köln und den Bergwerken im Harz unterhielt, der andere Teil immer die Metalle in Köln in Empfang nahm und in die Heimat weiter beförderte, so daß Köln für sie gewissermaßen einen Stapelplatz bildete. Dadurch aber ging das in Köln selbst sehr begehrte Kupfer für die Stadt verloren, welch' übelem Zustand man durch die Umladeverordnung begegnen wollte. Der Kupferkauf in Köln war den Flanderer Kaufleuten durch bedeutend hohe Ausfuhrsätze verleidet.

Dies ihre Stellung im allgemeinen. Sehen wir zu, wie sie zur Zeit der Jahrmärkte gewesen ist.

Zur Zeit der Jahrmärkte genossen sie für den Verkauf von Wolle, Speck, Öl, Tuch und anderen Waren die weitgehendsten Vorrechte, Tuchverkauf nach der Elle sowohl wie nach jedem beliebigen Maß (uno dimidio cubito vel qualicunque mensura voluerint) ist ihnen verstattet. Wir sehen, die Stellung der betreffenden Kaufleute auf den Kölner Jahrmärkten war eine denkbar günstige.

Prüfen wir nunmehr die Sätze der späteren Urkunden 1171 und 1203. Diese Tarife sind für die Dinanter Kaufleute festgesetzt. Sie bieten dasselbe Bild: Marktzwang für Kupfer besonders durch erhöhte Tarifsätze bei Verlassen des Marktes während der Jahrmarktszeit. Der Zollfreiheit bei der Einfuhr steht ein bedeutender Ausfuhrzoll auf Kupfer nach Zentnern, nicht nach Wagen normiert, gegenüber. Des Ostermarktes ist nicht gedacht. Stolze gründet darauf die Annahme, „daß Handel und Gewerbe inzwischen in Köln erstarkt sind, daß man deshalb in Bürgerkreisen die auf den Jahrmärkten gestattete Konkurrenz der Fremden bitter empfunden und möglichste Einschränkung derselben erstrebt hätte". Wenn der Ostermarkt nicht ausdrücklich erwähnt wird, ist damit noch nicht gesagt, daß er überhaupt nicht mehr existiert hätte. Man kann demnach nicht wissen, ob nicht etwa zum Ostermarkt die Dinanter Kaufleute anderen hier nicht formulierten Sätzen unterworfen gewesen sind, was immerhin möglich gewesen wäre. Daß aber die Kölner Bürger Grund gehabt hätten, eine Konkurrenz der Dinanter Kaufleute zu empfinden, halte ich für ausgeschlossen. Wir haben gesehen, daß die fremden Kaufleute als Importierende auftraten und den Kölnern sehr erwünscht waren, was hervorgeht aus dem Bestreben, daß man sie durch alle Mittel in der Stadt festzuhalten suchte; wir können also nichts von unliebsamer Konkurrenz bemerken. Im Gegenteil, die Kölner sind sicher sehr erfreut gewesen, daß sie Leute hatten, die ihnen zu den Jahrmärkten Rohprodukte importierten und ihnen auf diese Weise eigene Reisen zu Beschaffung derselben ersparten, wie sie z. B. die Straßburger Kürschner zu machen hatten, die ihre Rohstoffe in Mainz oder Köln einkauften.[1]) Konkurrenten hätten die Dinanter doch nur werden können, wenn sie mit Waren Handel getrieben hätten, die selbst von den einheimischen Kaufleuten geführt wurden. Und dieser Fall würde auch wirklich eingetreten sein am Schluß der Jahrmärkte, wo die einheimischen Kaufleute von den fremden ihren Bedarf gedeckt hatten, um damit in veränderter oder gleicher Gestalt auf dem Wochenmarkt resp. in ihren Gaden, Läden, Kellern, Eigenhandel zu treiben. Dieser Zustand ist aber ausgeschlossen durch das ausdrückliche für die Fremden bestimmte Verbot, den Verkauf über die Zeit der Jahrmarktsdauer auszudehnen; schon 1103: hoc autem facere non licebit nisi in tribus nundinis. Also Konkurrenten sind die Dinanter Kaufleute gegenüber den Kölnern nicht gewesen. Stolze stellt S. 13 die weitere Behauptung auf, daß „die Situation der flandrischen Kaufleute auf jenen Jahrmärkten im Jahre 1203 eine entschieden ungünstigere sei als im Jahre 1103. Das beweist schon" — fährt er fort — „die eine Tatsache, daß die Flanderer 1103 fast nur als Verkäufer, 1203 aber fast nur als Käufer auftraten." Bei Durchsicht der Urkunde 1203[2]) ober wird man finden, daß die letztere Behauptung den Be-

---

[1]) Keutgen, Urkunden Nr. 126. § 102.
[2]) Hans. Urk. B. I Nr. 61.

ſtimmungen der Urkunde widerſpricht und auch die erſtere An=
nahme ſich als unrichtig erweiſt. Die Zollrolle 1203 hat dieſelbe
Tendenz wie die 100 Jahre früher aufgeſtellte. Die fremden
Kaufleute ſind nach wie vor als Verkäufer gedacht. Das geht
gleich aus dem Eingang hervor: In ingressu suo in Coloniam
cum curribus et carrucis Coloniam venientes, quicquid
afferant, nichil penitus dabunt et sine licentia thelonearii
onera sua deponent vendentes res suas, quamdiu Colonie
sunt, nichil penitus dantes.

Vergleichen wir weiter die Sätze über Kupfer
a. Einkauf, b. Verkauf.

Im allgemeinen wird für a = pro Cent. = 1 d bezahlt,
b = frei.

Während der Jahrmärkte: am 1. Auguſt
a = wie oben
b = „ „

Hier kommen noch Blei, Zinn und Öl zu gleichem Ein=
kaufsſatz bei $^1/_2$ d Verkaufsſatz in Betracht.

Etwas anders ſind die Sätze zum Oktobermarkt.
 a. Zollfreiheit bei der Einfuhr während der Dauer
    des Marktes,
 b. Zollfreiheit beim Kupferverkauf,
 c. beim Kupfereinkauf dagegen = $3^1/_2$ d pro Cent.

Darauf folgt die Bemerkung: Si vero de Goslaria vel
undecunque trans Renum Coloniam venerint, si cuprum
vel quicquid aliud afferant onera sua vendentes vel ibidem
deponentes, nichil dabunt. Es bedarf nach Angabe der Tat=
ſachen aus der Urkunde eigentlich keines weiteren Beweiſes, daß
die Behauptung Stolzes, daß die Flanderer 1203 faſt nur als
Käufer auftraten, nicht richtig iſt; wenn in den angeführten
Beiſpielen des Einkaufes überhaupt Erwähnung getan iſt, ſo
zeigen die im Verhältnis zum Verkauf hohen Einkaufsſätze, daß
man bezwecken wollte, den Kauf von Kupfer ſeitens des Fremden
nicht nur einzudämmen, ſondern ſogar zu verhindern. Es zielte
eben die Rolle auf die Feſthaltung des Kupfers in Köln, das
die flandriſchen Kaufleute vom Harz her durch dieſe Stadt in

in ihre Heimat beförderten, wo bekanntlich Kupferindustrie zu Hause war. In Köln selbst scheinen ähnliche Handwerkerzweige in Blüte gewesen zu sein.

Die Zollpolitik unserer Rollen sucht nunmehr, einmal von dem herbeigeschafften Metall, das eigentlich für Flandern bestimmt ist, einen Teil in Köln zurückzuhalten, indem sie die Kaufleute durch die hohen Ausfuhrzölle zum Verkauf veranlassen will, was im besonderen während der Marktzeit geschieht. Sodann hat die Zollbestimmung beim Umladen der Wagen in Köln denselben Zweck. Wollen aber die Kaufleute aus diesen Gründen Köln umgehen, so heißt es: Quod si compendii causa de Goslaria vel undecunque trans Renum venientes per Nussiam (Neuß) transierint, de curru denarium et de carruca obulum dabunt theloneario Coloniensi et ipse eis signum dabit. Es ist dies dieselbe Zollhöhe, die der einfache Transitzoll ohne Umladen in Köln repräsentiert.

Ziehen wir das Resultat, so müssen wir sagen, daß die Stellung der flandrischen Kaufleute nach der Zollrolle 1203 absolut keine Verschlechterung im Verhältnis zu der Rolle 1103 erfahren hat.

Stellen wir sodann die analogen Zölle aus den Urkunden 1103, 1171, 1203 neben einander, so haben wir folgende Zollskala:

1103: In sola festivitate sancti Petri dabunt de carro 4 den, de sauma 4, de ostiis 4, de vehiculo 2, etc.

1171 und 1203: Abeuntes autem infra easdem nundinas de curru undecunque onerato 8 den. et de carruca onerata 4 den. dabunt infra crucem erectam.

Verglichen mit den Sätzen der Urkunde des Jahres 1103 zahlen die Gäste a. 1171 und 1203 einen höher bemessenen Ausfuhrzoll und zwar für den großen Wagen das Doppelte des Zolles von a. 1103. Doch ist nicht zu übersehen, daß a. 1171 nur von einer Quantität d. h. dem plaustrum (großer Wagen) und a. 1203 von zwei Quantitäten, dem currus (großer Wagen) und der carruca (kleiner Wagen), Ausfuhrzoll erhoben wird, während a. 1103 nicht weniger als fünf zollpflichtige Quantitäten unterschieden werden. Selbstverständlich waren diese auch noch a. 1171 und 1203 im Gebrauch, doch ist eine Zollabgabe für sie nicht bestimmt. Infolgedessen scheint es keineswegs richtig zu sein, von einer allgemeinen Verschlechterung der Stellung der Kaufleute auf den Kölner Jahrmärkten zu reden. Diese Behauptung ist nur richtig mit Bezug auf eine resp. zwei Quantitäten, während für vier resp. fünf andere Quantitäten kein Zoll vorgeschrieben ist in den beiden späteren Zollrollen.

Es bleibt uns nun noch übrig die letzte von Stolze angeführte Urkunde S. 14 a. 1289[1]) zu besprechen. Nullus mercator advena undecunque oriundus debet diucius quam sex septimanis continuis in civitate Coloniensi causa emendi vel vendendi morari et hoc in quolibet anno non plus quam tribus temporibus cum usitatis intersticiis (seu consuetis) facere unicuique mercatorum licebit.

Stolze hat wohl recht, wenn er meint, daß die Bestimmung, der fremde Kaufmann dürfe zu drei verschiedenen Zeiten im Jahr je sechs Wochen ununterbrochen in Köln bleiben, mit den oben genannten drei großen Kölner Jahrmärkten in Verbindung zu bringen sei. Wenn auch in der Urkunde der Name Jahrmarkt für diese drei, für die fremden Kaufleute erlaubten Geschäftszeiten fehlt, so sind es doch mit großer Wahrscheinlichkeit Jahrmärkte gewesen. Es wird nun nach den auf die angegebene Stelle folgenden Sätze der Urkunde für die Fremden bestimmt, daß sie einige andere Waren vel etiam pannum Transmosanum duas marcas vel plus valentem in civitate Coloniensi vendent nisi per marcam mercatorum, que vulgariter koufmannsmarc dicitur, que marca sola continet. XI sol et III den. colon. monete. Hiermit ist ihnen, wie Stolze richtig bemerkt, der Kleinhandel verboten. Stolze hält dieses Kleinhandelsverbot der Kleinhandelerlaubnis für die Fremden aus der Urkunde 1103 entgegen und kommt zum Schluß, daß somit der Handel der fremden Kaufleute auf dem Jahrmarkt mehr und mehr beschränkt werde. (S. 15.)

Erinnern wir uns des eigentlichen Charakters des Jahrmarktes. Er hat doch seinen Schwerpunkt im Großhandel, wenn

---

[1]) Hans. Urk. B. I Nr. 522.

er ja auch auf keinen Fall ausschließlich dem Großhandel diente. Ist es daher ein Nachteil für die Fremden, wenn die Zollbestimmungen dahin gehen, daß sie nur Großhandel treiben dürfen? Es ist die Annahme denkbar, daß durch diese den Kleinhandel für die fremden Verkäufer aufhebende Verordnung nicht sowohl die fremden Kaufleute selbst getroffen werden sollten, als vielmehr die Leute, die auf den Jahrmarkt kommen, um nur im kleinen einzukaufen, wodurch sie den Geschäftsbetrieb der Messe wesentlich verzögern. Sie sollen durch diese Bestimmung auf die Wochen= resp. Tagesmärkte verwiesen werden, wo der Detailverkauf eo ipso im wesentlichen betrieben wurde. Wenn wir die Bestimmung so verstehen, so halten wir auch daran fest, daß sie in erster Linie dem einheimischen Kaufmann diente, indem er die Vorteile des Detailverkaufs für sich allein in Anspruch nahm. Trotzdem aber werden die Geschäfte der fremden Kaufleute keine geringeren gewesen sein, ja ich möchte annehmen, daß sie sich vergrößert haben, denn wenn man in der fest begrenzten Zeit des Jahrmarktes nur en gros verkauft, ist doch ein größerer Warenumsatz möglich, als wenn nebenher auch der zeitraubende Verkauf en detail betrieben werden muß.

Folgen wir Stolze noch zu der Stellung der Kaufleute auf den Aachener Jahrmärkten zu der Zeit, die uns interessiert. (S. 15. 16.)

Das Jahrmarktsprivileg für Aachen aus dem Jahre 1166[1]) spricht in § 1 deutlich eine große Privilegierung der fremden Kaufleute aus. Es heißt dort: omnibus mercatoribus hanc donamus libertatem. ut in his nundinis et per totum annum in hoc regali loco ab omni theloneo sint immunes et liberi et sua commercia vendant et emant, prout ipsi voluerint. Es handelt sich um zwei Jahrmärkte. In dem Handelsvertrag des Reiches mit Flandern 1173[2]) wird u. a. über die beiden Aachener Jahrmärkte bestimmt: Finitis singulis quattuordecim diebus, (als der Zeit der Jahrmarktsdauer) Flandrenses et ceteri mercatores postmodum quieti maneant per alios

---

[1]) Keutgen, Urkunden Nr. 65.
[2]) Keutgen, Urkunden Nr. 85 § 2.

quattuordecim dies, nichil de pannis suis vendentes. Sicher bedeutet dieser Passus, wie Stolze richtig annimmt, eine Einschränkung gegenüber der für die fremden Kaufleute 1166 festgelegten Bestimmung. Doch wollen wir auch den folgenden Satz der Urkunde nicht außer Acht lassen: deinde vero post illum terminum omnia licenter vendant. Wir müssen, um ein klares Bild bekommen zu können, die zweite Bemerkung nicht übersehen, wie es scheinbar Stolze tut. Sonach ist den Flandrischen Kaufleuten in der Zeit von 14 Tagen nach Marktschluß der Tuchverkauf untersagt. Nach Ablauf dieser Frist aber dürfen sie wieder mit allem Handel treiben. Stolze bemerkt zu dieser eigentümlichen Verordnung: „Diese Bestimmung kann lediglich den Aachener Kaufleuten zugute kommen, von denen im Jahre 1166 überhaupt noch nicht die Rede war." Dahin aber kann doch kaum die Bestimmung gezielt haben, denn sie würde den einheimischen Kaufleuten in Wirklichkeit sehr wenig oder nichts genützt haben. Wenn während des ganzen Jahrmarktes den fremden Kaufleuten der Tuchverkauf gestattet gewesen ist, so wird ein am Schluß erlassenes diesbezügliches Verbot den einheimischen Kaufleuten wenig von Nutzen gewesen sein können aus dem einfachen Grund, weil man annehmen kann, daß die Interessenten während des Marktes ihre Einkäufe erledigt haben werden, sodaß am Schluß des Marktes die Nachfrage nach diesem Artikel auf einige Zeit aufgehört haben wird. Außerdem werden doch die Aachener Kaufleute während der Jahrmarktszeit ihren Bedarf durch Einkauf bei den fremden Kaufleuten gedeckt haben und werden infolgedessen den Verkauf desselben nur zu erhöhteren Preisen haben bewerkstelligen können, um auch ihren Verdienst herauszubekommen. Wollte man aber annehmen, daß die Einheimischen ihren Hauptverdienst dadurch herausschlagen, daß sie en gros einkaufen und nach dem Jahrmarkt in ihren Gaden 2c. und auf dem Wochenmarkt mit ihrem Vorrat Detailverkauf betreiben, so ist dies ja im allgemeinen richtig. Dagegen ist zu bedenken, daß aber innerhalb der kurz nach dem großen Jahrmarkt gestellten Ruhepause wohl kaum das Detailgeschäft der Einheimischen von Bedeutung gewesen sein kann. Denn auch die Detailpreise in dieser Zeit werden mit denjenigen der auswärtigen Kaufleute während des Jahrmarktes nicht haben konkurrieren können, da eben die Ware aus zweiter Hand geboten wird. Und dies hat das kaufende Publikum natürlich ganz genau gewußt. Wenn es auch im allgemeinen auf die Gaben der Einheimischen angewiesen war, so wird dies aber nicht der Fall gewesen sein in der kurzen Zeit nach Schluß des Jahrmarktes, wo ihm erst kurz vorher Gelegenheit geboten war, seine Bedürfnisse viel billiger zu decken. Dieser Passus muß daher eine andere Bedeutung gehabt haben. Welche es gewesen ist, können wir aus der Stelle allein freilich nicht ersehen; doch scheint es für die Sache selbst besser zu sein, sich dieses negativen Resultats bewußt zu werden, als irgend etwas zu behaupten, was des Beweises entbehrt. Wir möchten aber einer Vermutung Raum geben, die sich uns aufdrängt. Wiederum wie in Köln glauben wir, daß auch hier diese eigentümliche Bestimmung aus einem Wunsche der von ihr betroffenen fremden Kaufleute selbst entsprungen ist. Man kann annehmen, daß sie die Zeit der Ruhe nach Schluß des Jahrmarktes deshalb wünschten, um sie zum Zwecke der Regelung ihrer Geldgeschäfte zu benutzen, die im Laufe des Marktes entstanden waren. Für diese Vermutung läßt sich Sicheres nicht beibringen, weshalb wir sie mit Vorsicht ausgesprochen haben wollen. Außerdem aber ließe sich noch eine zweite Erklärung finden für diese merkwürdige Geschäftspause. Wir werden sehen, daß in Köln die Bezahlung des Zolles am Tore nach Marktschluß stattgefunden hat, daß die Kaufgüter vor Beginn des Marktes eingesehen, nach Schluß desselben revidiert und von der Differenz der Zoll erhoben wurde. Betrachten wir unter diesem Gesichtspunkt die Aachener Verhältnisse, so ist die Möglichkeit nicht ausgeschlossen, daß hier vielleicht die Zwischenzeit zur Erledigung der Zollpflichten gesetzt gewesen ist. So dürfte es nicht richtig sein, von einer schlechter werdenden Stellung der fremden Kaufleute auch auf den Aachener Jahrmärkten zu reden, denn die Einschränkung in der Verkaufszeit für Tuch konnte ihnen keinesfalls Abbruch tun.

Sehr große Jahrmärkte fanden in der Champagne statt, die von Kaufleuten aus weiter Ferne besucht waren. Diese Messen trugen einen internationalen Charakter, sie regelten den Welthandel und den Geldverkehr von der Mitte des 12. bis Anfang des 14. Jahrhunderts. Nach ihrem Muster wollte Friedrich II. mehreren Städten am Rhein, Oppenheim, Worms, Speyer, durch Verleihung solcher Messen eine ähnliche Bedeutung geben und ließ an die Kaufleute die Aufforderung zum Besuch dieser deutschen Jahrmärkte ergehen.[1]) Doch ist es ihnen nicht gelungen, sich zu einer ähnlichen Bedeutung, wie sie die Messen in der Champagne hatten, emporzuschwingen.

Im Jahre 1231[2]) änderten und besserten die Markgrafen Johann I. und Otto III. zu Brandenburg die Rechte der Gewandschneidergilden zu Stendal, bestimmten, daß der Wandschnitt nur Angehörigen der Bruderschaft und daß auch zur Zeit des Jahrmarktes jedem Fremden, welcher dem Amt angehört, der Wandschnitt gestattet sein sollte. Solche ausdrückliche Bestimmungen über Vorrechte der fremden Kaufleute auf den Jahrmärkten und förmliche Einladungen zum Besuch jener finden sich häufiger.[3]) Solcher Jahrmarkt führt eine Menge Fremde und durch sie Geld in die Stadt. Daher wird manchmal die Abhaltung eines Jahrmarktes einer Stadt zur momentanen Aufhilfe verliehen. Dortmund erfährt diese Vergünstigung im Jahre 1232, da civitas latrocinali ac noctorno incendio miserabiliter penitus devastata.[4])

Wir wollen in kurzen Worten die charakteristischen Merkmale des Jahrmarktes zusammenfassen. Der Jahrmarkt ist seiner eigentlichen Bestimmung nach der Markt der Fremden. Zu ihm reisen die Kaufleute aus weiter Ferne mit den Erzeugnissen ihrer Heimat und sind willens, auch in ihre Heimat die Erzeugnisse des fremden Landes oder Rohprodukte mitzu-

---

[1]) Vergl. darüber: A. Schulte. Geschichte des mittelalterlichen Handels und Verkehrs 1900. Bd. I. S. 156 ff.
[2]) Hans. Urk. B. I Nr. 242.
[3]) ibid. I Nr. 400 a. 1251. a. a. O. II Nr. 102. 1307.
[4]) Gengler a. a. O. 162 ff. bes. [195]).

nehmen. Doch ist es keineswegs den Tatsachen entsprechend, wenn man glaubt, die Stellung der fremden Kaufleute verschlechtere sich von Jahr zu Jahr, sie seien immer nur willkommene Gäste gewesen, wenn sie durch ihre Anwesenheit zur Hebung des städtischen Handels beigetragen hätten. Ja der Jahrmarkt hat doch auch eine internationale Seite, er ist der dritte Ort, an welchem fremde Händler ihre Geschäfte treiben, und die Stadt selbst nimmt daran Anteil durch den Zoll, den sie erhebt. Man darf nicht annehmen, daß der Jahrmarkt nur ein Markt des Großhandels gewesen sei. Um nur ein Beispiel gegen diese Meinung anzuführen, war in Köln 1103 der Tuchverkauf uno vel dimidio cubito gestattet. Der Jahrmarkt erfüllte außerdem noch den Zweck, die Kaufleute und Handwerker für die kleinen Märkte mit Vorrat und Rohmaterialien zu versorgen.[1] Es ist die Vermutung ausgesprochen worden, daß ein Stand von Händlern existiert habe, deren Beruf es war, zu reisen und den Handel zwischen Messe und Kleinmarkt zu vermitteln.[2] Diese Leute meint offenbar Bruder Berchtold von Regensburg, wenn er sagt: „Wir möhten der koufliute niemer enbern, wan sie füerent ûz einem lande in daz ander, daz wir bedürfen, wan es ist in einem lande daz wolveile, sô ist in einem andern lande jenz wolveile; unde dâvon sullent si diz hin füeren und jenz her, dâvon sullent si ir lôn ze rehte haben: daz ist ir gewin, den sie ze rehte gewinnent."[3]

Wir dürfen aber bei dem Versuch, uns eine Vorstellung über den Jahrmarkt damaliger Zeit zu machen, nie vergessen, daß in den uns zu Gebote stehenden Zollrollen fast immer nur von Kaufleuten aus einer bestimmten Stadt oder Gegend gesprochen wird, und daß es immer noch fraglich ist, ob zu gleicher Zeit Kaufleute aus anderen Gegenden nicht anders gestellt waren. Also wir müssen uns bescheiden mit dem Resultat, daß es unmöglich ist, ein vollkommen klares Bild zu erhalten.

---

[1] Keutgen: Urkunden Nr. 126 § 102 das erste Straßburger Stadtrecht.
[2] Keutgen: Großhandel ꝛc.
[3] Lamprecht a. a. O. I 1447.²)

Das Eine leuchtet aus allen Bestimmungen hervor, daß der Jahrmarkt ein Markt der Fremden ist.

Kapitel III.

Die Zölle.

Der gewöhnliche Name für den Zoll ist theloneum. Er wird in den Verleihungsurkunden zugleich mit dem Marktrecht verliehen.

Die Wissenschaft unterscheidet längst im großen und ganzen zweierlei Zölle: 1) Transit= oder Passierzölle, wie Frensdorff: H. G. Bl. 1897 S. 125 im Anschluß an Schaefer, die Hanse= städte und König Waldemar S. 202 vorschlägt. 2) Marktzölle. Die ersteren werden, wie schon der Name sagt, beim Passieren einer bestimmten Zollstätte von vorbeifahrenden Transportmitteln und Waren erhoben als Entgeld für die Straßenbenutzung und das Geleit.[1]

Der Passierzoll erscheint in der verschiedensten Gestalt. Wir begegnen ihm z. B. als Brückenzoll. Ein solcher bestand bis 1220 in Donauwörth, wo ihn Friedrich II. aufhob.[2] In Augsburg haben wir zwischen 1156 und 1177 einen Zoll an der Lechbrücke,[3] 1276 Brückenzölle an der oberen Brücke, am Sträffinger Tor, an der Wertacher Brücke.[4] Die Augsburger Tarife sind sehr ausführlich und nach Transportmittelveranlagung und Warengattung konstruiert. Neben dem Brückenzoll spielt eine große Rolle der Schiffszoll (naulum). Schon 1030 kommt

---

[1] Vergl. Näheres hierüber A. Braunholz: Das deutsche Reichszoll= wesen während der Regierung der Hohenstaufen und des Interregnums Diff. Berl. 1890 S. 3 und 3 Anm. 1 Literaturangabe, Wetzel: d. Zoll= recht d. deutsch. Kom. von den ältesten Zeiten bis zur gold. Bulle. Diff. Berl. 1892 S. 6 ff und Literaturangabe.
[2] Braunh. S. 33 § 23.
[3] von Inama=Sternegg: Deutsche Wirtschaftsgeschichte II 490 f.
[4] vergl. von Inama 3^2 Beilagen IV.

er in Würzburg selbständig neben theloneum vor.¹) In Frankfurt bestand ein besonderer Schiffszoll, welcher von Lothar III. dem Probst von Ilbenstadt geschenkt und diesem 1139 vom Papst Innocenz II. bestätigt wurde: teloneum vel naulum quod dilectus filius noster Lotarius imperator . . . . Frankewoorde . . . . . donavit.²) In der Urk. 1193, in welcher Heinrich VI. der Abtei Springiersbach ihre Besitzungen bestätigt,³) wird u. a. ein Schiffszoll bei Cochem erwähnt: teloneum quod in castello Cochema eadem constitutione prefatis fratribus remissum est, eis perpetua donatione remittimus ut naves jam sepedicto monasterio pertinentes et res fratrum vel vectigalia vehentes nullum in descensu vel in ascensu . . . . . . teloneum . . . . . . persolvant. Auch im zweiten Straßburger Stadtrecht 1214⁴) ist der Schiffszoll berücksichtigt: mercatores quoque concives nostri de pecoribus vel de aliis mercimoniis suis, que propria persona vel in equo, quem sedent, ferre non possunt, naulum reddent institutum.⁵)

Passier- und Marktzoll sind manchmal zu verwechseln trotz ihrer vollständig verschiedenen Bedeutung. In vielen Fällen wird nämlich der Marktzoll in Analogie des Passierzolles erhoben, wie a. a. Stelle ausgeführt ist.

Uns sollen in dieser Arbeit speziell die Marktzölle interessieren. Sie stellen sich dar als Abgaben für die Erlaubnis, an einem bestimmten Ort Handel zu treiben. Wir können sie einteilen in a. Eingangszölle, b. Ausfuhrzölle, c. eigentliche Marktzölle oder Handelszölle, d. Abgaben für die Benutzung

---

¹) Keutgen: Urk. Nr. 5: monetam publicam, naulum, mercatum cottidianum, theloneum et totius civitatis eiusdem districtum . . . . in praefati e. eiusque successorum potestate doinde esse concedimus.

²) Boehmer Cod. Moenofr. 14. vergl. Braunh. S. 31. § 13.

³) M U B II. Nr. 129.

⁴) Keutgen: Urkunden Nr. 127 § 34.

⁵) Ob aber der 1202 M U B II Nr. 202 theloneum apud Kocheme etc. ein Schiffszoll gewesen ist, wie Braunh. behauptet, ist fraglich. Jedenfalls fehlt in der fragl. Stelle jede nähere Beschreibung desselben als Schiffszoll.

der Markteinrichtungen. Bevor wir zu der Betrachtung dieser verschiedenen Modifikationen des Marktzolles übergehen, ist die Frage zu erörtern, wer zur Zahlung dieser Zölle verpflichtet ist.

Karl der Große hatte schon den Satz aufgestellt: Similiter etiam nec de his (teloneum exigatur) qui sine negotiandi causa substantiam suam . . . . . . ducunt.¹) Konrad III. wiederholte diese Verordnung 1149. Er bestimmte: in presentia nostra adjudicatum est, quod theloneum a nullo exigi debet nisi a mercatoribus, qui causa negotiandi vadunt et redeunt.²)

Braunholtz (S. 5 u. 14) behauptet, die Praxis habe dem Gesetze nicht entsprochen, ja höchstens für die Marktzölle habe der Grundsatz, der in den beiden kaiserlichen Verordnungen ausgesprochen ist, Geltung gehabt, während den Zollabgaben für das Passieren von Zollstätten sich jeder zu unterwerfen gehabt hätte. Doch dürfte diese Annahme nicht richtig sein, und wir haben eine Menge Beispiele, die uns das Gegenteil beweisen. Zunächst führt Braunholtz selbst S. 16, Anmerkg. 53 eine Stelle an (Decanus etc.), woraus hervorgeht, daß der Dekan und das Kapitel es als eine Ungerechtigkeit empfanden, daß von Wein, den sie auf den kirchlichen Gütern bauten, der also nicht im eigentlichen Sinne eine Handelsware gewesen ist, Zoll verlangt wurde. Außerdem wurde auf dem Reichstag zu Frankfurt festgesetzt, daß die Kirchen für die zu ihrem Unterhalt notwendigen Erträgnisse aus ihren Gütern von jeglichem Zoll frei sein sollten (a. a. O. S. 14). Deswegen ist dem Gesetz von der alleinigen Zollpflicht der Kaufmannsware noch nicht die allgemeine Gültigkeit abzusprechen, wie Braunholtz S. 15 meint, und wenn er daran anschließend bemerkt: „eine Folge desselben hätte ja sein müssen, daß jeder mit seinem Bedarf an Lebensmitteln, der natürlich nicht zum Handeln bestimmt ist, zollfrei ist", so werden wir im folgenden zeigen, daß dies auch tatsächlich der Fall war. Diesem Grundsatz begegnen wir schon in der Raffelstetter Rolle. Der Bayer, der sein Salz für seinen eigenen

---

¹) Vergl. Waitz: Deutsche Verfassungsgeschichte IV. 58. Braunholtz: S. 5.

²) Vergl. Böhmer, acta, S. 85.

Gebrauch anfährt, bezahlt keinen Zoll;[1]) desgleichen können Bayern und Slaven istius patriae frei Lebensmittel einkaufen, d. h. außerhalb des eigentlichen Marktplatzes, bei dessen Betreten der oben angegebene Vor- oder Entreezoll zu zahlen ist. Dieselbe Berücksichtigung erfahren die Leute der familia ecclesiae in Straßburg.[2]) Sie können zollfrei Produkte ihrer eigenen Hände und ihrer Landwirtschaft verkaufen und ihre notwendigsten Lebensunterhaltungsprodukte einkaufen (res, quas vel manibus suis fecerint vel, quae creverint eis). Eine Parallelerscheinung hierzu haben wir in der Urkunde über die Abgaben und Rechte der Gewerbe in Winner-Neustadt (um 1310?)[3]) § 13 lautet hier: Al burger und auch soldner die in der stat und an dem wolmarkcht sitzent, die schullen järleich stetpfenning gewen von dem markcht, aver gest die in die stat chöment mit wol oder mit harbe, gewent die gewöndleich maut dem mauter. Wir finden, daß in Winner-Neustadt wiederum die Bürger von dem eigentlichen Marktzoll, d. h. von dem Zoll auf verkaufbare Ware befreit sind, sie sollen aber für die Benutzung der Markteinrichtung jährlich eine Abgabe entrichten, den Jahrzoll, während die fremden Kaufleute ihren Zoll von Fall zu Fall zu bezahlen haben.[4]) Der folgende Satz der Urkunde lautet: Ist aver daz ein purger oder ein purgerin verchauft wol die ab ihren schaffen geschorn ist, der geit davon nichtz nicht. Also auch hier haben die Bürger genau wie in Straßburg noch die besondere Vergünstigung, daß der Verkauf der Produkte ihrer eigenen Landwirtschaft für sie zollfrei ist. Wir wollen noch eine Urkunde heranziehen, die ungefähr aus dem Ende der uns interessierenden Periode stammt.[5]) Copia oder extract der uhralten statut und gerechtigkeit der stadt Magdala, welche ihnen

---

[1]) Keutgen: Urkunden Nr. 70 § 2.
[2]) Keutgen: Urkunden Nr. 126 § 52.
[3]) Keutgen: Urkunden Nr. 269 § 13.
[4]) Vergl. dasselbe bei Meyer: Stadtbuch von Augsburg 30, 32, 33.
[5]) In: Zeitschrift des Vereins für thür. Geschichte u. Altertumskunde N. F. XIII. Bd. Heft 1. Jena 1902. S. 177 ff.

von dem gnädigen herrn von Orlamunde und von herrn Bernhardt Vitzthumb Rittern gegeben und sich derselben zu gebrauchen gegonnet und nachgelassen ist 1406.[1]) Zu dem siebendenmahle haben wir, das die miettnachbarn, die dahe dinck pflichtigk sinnt, was die keuffen in ihr haus zu ihres liebes-nahrunge, oder sahmen uff ihrn acker, darvon sollen sie nicht zollen; vorkaufen sie aber was, des sollen sie vorzollen.

Unsere Ansicht hierüber bewahrheitet sich auch in der Lübecker Zollrolle aus dem Jahre 1227.[2]) Hiernach brauchen homines domini Burwini und omnes gentes orientales de redditibus suis keinen Zoll zu bezahlen. Unter diesen redditibus sind „eigene Erzeugnisse", „eigene Naturprodukte" zu verstehen.[2])[3]) Den Gegensatz zu redditus bildet kopscath, Kaufschatz, für welchen Zoll zu bezahlen ist, und zwar aus dem Grunde, weil damit Waren anderer bezeichnet werden, wie Frensdorff auslegt.[4]) Ich möchte annehmen, daß kopscath eben die eigentliche Kaufmannsware ist, die Ware, die der Kaufmann einkauft mit der Absicht, sie entweder in demselben oder verändertem Zustand wieder zu verkaufen. Redditus dagegen sind die eigenen Erzeugnisse, der Ueberschuß über den Selbstbedarf, der zu Markte gebracht wird.

Dasselbe Prinzip finden wir in noch mehreren Tarifen. Der Wetterauer Zolltarif a. 1265 berichtet dazu: nemo vinum vel annonam, que in bonis suis sibi creverunt, ducens in civitatem et reponens in domos, vel vendens de domibus ipsis, dabit aliquid de eisdem; sed si volet per aquas vel per terram deducere ad vendendum, dabit inde sicut superius est expressum.[6])

---

[1]) Diese Statuten sind älter als die beigefügte Jahreszahl 1406. Vergl. darüber a. a. O. S. 179 Abs. 4.

[2]) Hans. Urkundenbuch I S. 69 Nr. 223.

[3]) Frensdorff a. a. O. S. 140.

[4]) Vergl. auch dort, Anm. 2, die sehr wahrscheinliche Aenderung des Textes.

[5]) Vergl. [2]).

[6]) Bochmer: Codex Moenof S. 134 ff.

Dieselbe scharfe Unterscheidung zwischen Kaufmannsware und Ware zum eigenen Gebrauch ist auch im Zolltarif von Damme a. 1252[1]) gemacht.

Hiernach ist der Kauf von Schuhen zum eigenen Gebrauch zollfrei (si vero eas [sc. caligas] emerit ad usum suum nichil debet). An einer anderen Stelle derselben Rolle wird dieser Satz erweitert zu der Bestimmung: si quis emerit aliqua sibi necessaria sive pro vestitu sive victualibus, nichil debet.[2])

Nach demselben Grundsatz ist auch der Zoll in der Handfeste von Freiburg in Üchtlande a. 1249 festgelegt.[3])

Geräte für Haus= und Feldwirtschaft zum eigenen Gebrauch sind frei: Pro caldera (Kessel aus Erz), pro cacabo (Kochtopf), pro patella (Schale, Schüssel), pro vomere (Pflugschar), pro cultro (Messer), pro falce (Sichel), non datur theloneum, si homines qui habent refugium suum in villa, ea emerint ad usus suos.[4])

Dagegen Kaufmannsware ist zollpflichtig: Si quis alio modo emerit ut ea vendat, si usque ad 40 oder 60 solidos emerit, semper pro qualibet libra dat quatuor nummos pro theloneo.

So sehen wir also, daß der von Karl dem Großen aufgestellte Grundsatz von der alleinigen Zollpflicht der Kaufmannsware durch das ganze Mittelalter hindurch maßgebend geblieben ist. Die Zollpflichtigen sind zunächst Kaufleute von Beruf, sodann Kaufleute im Sinne des § 1 des Handelsgesetzbuches 1897.[5]) Freilich haben außerdem noch mancherlei Zollbefreiungen stattgefunden, so für die Bürger im allgemeinen, die homines ecclesiae in Straßburg,[6]) für die ganzen Städte. Sodann gab es an manchem Ort für die verschiedenen Kaufleute ver=

---

[1]) Hans. Urkundenbuch I. S. 144.
[2]) a. a. O. S. 145/46.
[3]) Gaupp II S. 99/00. vergl. auch v. Inama 3² 518 Tarife.
[4]) Vergl. a. a. O. § 103.
[5]) Keutgen, Der Großhandel im Mittelalter. S. 74 Anm. 15.
[6]) Keutgen, Nr. 126.

schiedene hohe Zollsätze, auch zu verschiedenen Jahreszeiten waren die Zölle in manchen Gegenden verschieden. Dies soll unten näher ausgeführt werden.

a. Die Eingangszölle.

Wir wollen die in Beziehung zu dem Markte stehenden Zölle in verschiedene Arten einteilen und zuerst die Eingangszölle betrachten, d. h. die Abgaben, die entrichtet werden mußten beim Eintritt in den Markt. Dieser Eingangszoll wird als "Vorzoll" bezeichnet. Er ist eine Abgabe für den Eintritt in den Markt vor irgendwelcher Geschäftshandlung. Der Name Vorzoll kommt in verschiedenen Urkunden vor. Wir verweisen auf eine Lübecker Urkunde von 1271: Theoderich, Graf von Cleve, und sein Sohn gleichen Namens gewähren den Lübeckern sicheres Geleit und setzen den Zoll in ihrem Lande für Wein und Pelzwerk fest "primitivo theloneo, quod vulgariter dicitur „vortolle", reservato." [1]) Auch in einem anderen Beispiel finden wir den Namen Vorzoll: Erzbischof Siegfried von Köln stellt auf die Beschwerde Duisburgs, dessen Bürger den Rhein vor andern befahren, das alte Recht des Zolles von Neuß wieder her, wonach als rechter Zoll von jedem Faß nicht mehr als 18 ₰ und als "Vorzoll" (de pretheloneo) nicht mehr als 12 ₰ und 1 Heller gefordert werden dürfen. [2])

Schon die Zollordnung von Raffelstetten [3]) kennt diese Art der Marktzollabgabe, denn durch § 4 der Zollrolle werden Bayern und Slaven von ihr befreit. Es heißt dort: Si autem Bawari vel Sclavi istius patrie ipsam regionem intraverint ad emenda victualia . . . . ubicumque voluerint in ipsa regione, sine theloneo emant que necessaria sunt. Es handelt sich also um die Befreiung von dem Zoll, der bei Betreten des Marktes eigentlich zu entrichten ist in Raffelstetten, also um das, was wir Vorzoll nennen.

---

[1]) Lübeckisches Urkundenbuch 1. Teil: Nr. 173.
[2]) Hans. Urk. Buch I. Nr. 1014, auch bei Frensdorff (Hansische Geschichtsblätter. Jahrg. 1897 S. 129 I.)
[3]) Reutgen: Urk. Nr. 70 § 4.

Die Verordnung Friedrichs I. 1188 über die Grenzen der Stadt Lübeck enthält dieselbe Zollart.[1]) Dort heißt es: Item mercatores cuiuscunque regni, cuiuscunque civitatis huc veniant, vendant et emant libere, tantum theloneum debitum solvant, de fertone IIIor den., de mille marcis non amplius. Als Besonderheit neben den übrigen verschiedenen Marktabgaben finden wir auch den Vorzoll in der Lübecker Zollrolle[2]) von 1227. Hier heißt es gleich zu Anfang: Cum quispiam venit in civitatem et vendit vel emit valens mille marcas dabit ad theloneum 4 den., et si emit valens fertonem, idem facit. Jeder Kaufmann hat beim Eintritt einen Vorzoll von 4 d. zu erlegen für die Erlaubnis, in Lübeck sein Geschäft betreiben zu dürfen. Man darf nicht annehmen, daß durch valens mille marcas und valens fertonem die Grenzen angegeben seien, innerhalb welchen sich der 4 Pfg.-Zoll bewegen sollte. Die Preisangabe ist vielmehr als ein anschauliches Bild für eine gleichbleibende Marktabgabe anzusehen, die keine Beziehung zum Geschäft selbst hat. Dieselbe Zollabgabe finden wir auch in Neuß, wie oben schon erwähnt ist.

Der Eingangszoll läßt sich auch als Kopfzoll charakterisieren, wie er auch urkundlich genannt wird. Auch er wird besonders von Fremden erhoben und zwar von Ausländern und Juden. So verlangt der Utrechter Zolltarif 1122[3]) von den Dänen, die magistri navium dicuntur, beim Marktbesuch einen Kopfzoll von 4 den. Die Zollrolle für die Ausfuhr aus Greifswald (vor 1275)[4]) setzt auf die Dani Normanni Sueci et omnis habitantes in Vemeren et in terra ducis de Sleswich einen Kopfzoll von 1 ß und für den Schiffsherrn von 4 d., während verschiedene andere davon ausdrücklich befreit sind. In Lübeck ist nach der Zollrolle von 1227[5]) der Wende

---

[1]) Lübeckisches Urk. Buch 1. Teil Nr. 7.
[2]) Hans. Urk. Buch I Nr. 223.
[3]) Hans. Urk.-Buch I Nr. 8.
[4]) Hans. Urk.-Buch I Nr. 746.
[5]) Hans. Urk.-Buch I Nr. 223.

zur Zahlung eines Kopfzolles von 1 d. verpflichtet beim Eintritt in den Markt. Ebenso hat Stade einen Fremdenkopfzoll.[1]

Neben den Ausländern werden die Juden besonders vom Kopfzoll betroffen, wie sie ja überhaupt im ganzen Mittelalter auf mancherlei Weise energisch zu Steuern herangezogen wurden. In Koblenz galt 1209[2]) die Bestimmung, daß der Jude einen Zoll von IX den. lib. oder VI colon.[3]) zu zahlen hat, und die Jüdin in gesegneten Umständen ist sogar zum zweifachen Zoll verpflichtet.

Ein singuläres Beispiel für den Kopfzoll von Einheimischen bietet sich uns in der Rolle der Kaufleute von Regensburg 1192.[4]) In dieser Stadt gab es eine gewisse Kategorie von Kaufleuten, die die Urkunde mit Ruzarii. d. h. Rußlandfahrer,[5]) bezeichnet (§ 23). Sie pflegten von Zeit zu Zeit nach Rußland zu reisen, um dort Geschäfte zu treiben. Die Zollrolle schreibt für sie die Bezahlung von 2 Pfd. vor, quandocunque tempore vadant. Dieser ungeheure Kopfzoll wird allerdings auf die Hälfte herabgesetzt, wenn der betreffende Rußlandfahrer zum zweiten Male aus Rußland kommt. Jedoch hat er daneben überall, „wo er eintreten will", d. h. bei Besuch eines jeden Marktes, noch einen Vorzoll von XII d. zu entrichten. Hieraus charakterisiert sich der Kopfzoll der Ruzarii als eine Abgabe, die nicht so eng mit dem Markt in Beziehung steht als der Vorzoll. Der Kopfzoll wird an der Grenze der Stadt, der Vorzoll an der Grenze des Marktes bezahlt.

b. Ausfuhrzoll.

In diesem Zusammenhang ist noch einer anderen Zollart zu gedenken. Es ist der Ausfuhrzoll. Er steht insofern mit dem Markt in Beziehung, als er die Tendenz hat, den Kaufmann zu veranlassen, seine Waren auf dem Markte feilzubieten,

---

[1]) Weißenborn: Elbzölle und Elbstapelplätze S. 235.
[2]) M-U-B. II Nr. 242.
[3]) Hilliger: Studien zu m.-a. Maßen und Gewichten. Hist. Vierteljahrschr. 3. Jahrg. 1900.
[4]) Keutgen: Urk. Nr. 86.
[5]) Th. Stolze: Die Entstehung des Gästerechts in den deutschen Städten des Mittelalters. Marburger Dissertation 1901: S. 72.

die Stadt zu einem Stapelplatz zu erheben, er ist aber nicht zu verwechseln mit dem Marktzoll selbst, dem Handelszoll, sondern stellt sich seinem ganzen Charakter nach als eine besondere Abgabe neben demselben dar, die hie und da vorkommt. Das erste Stadtrecht von Straßburg[1]) z. B. kennt ihn nicht, glaubt aber dies in § 51 auch ausdrücklich aussprechen zu sollen: Quicunque mercator transierit in hanc civitatem cum soumis suis, si nichil vendiderit vel emerit, nullum theloneum dabit. Die Raffelstetter Rolle[2]) kennt diese Art des Zolles noch nicht. Dort ist es erlaubt, den Markt zu passieren; Die Fremden sind nur zum üblichen Marktzoll verpflichtet, sofern sie Geschäfte treiben wollen (§ 4). Allerdings wird hier angenommen, daß der Fremde als Käufer auftritt. In späterer Zeit tritt der Ausfuhrzoll deutlich hervor. Unter dem reichhaltigen Material hierfür mögen uns folgende Beispiele genügen.

Eine große Rolle spielte diese Zollart in Köln während unserer Periode. Prüfen wir daraufhin das Zollrecht der Kaufleute von Lüttich und Huy[3]) aus dem Jahre 1103. Hier wird der Durchfuhr- resp. Ausfuhrzoll geregelt, den diese Kaufleute in Köln auf ihren Reisen nach Dortmund und Sachsen zu zahlen haben. Auf der Hinreise nach den Bergwerken des Harzes[4]) sind sie frei von Ausfuhrzoll, desgleichen wird auch, wenn sie mit Kupfer beladen zurückkommen, kein Einfuhrzoll erhoben. Wollen sie aber in Köln umladen, um natürlich mit dem Metall weiterzuziehen, so wird ein Ausfuhrzoll von 4 den. von ihnen verlangt. Im Jahre 1203[5]) ist der Ausfuhrzoll für die Kaufleute von Dinant in Köln derselbe; es wird nur geschieden zwischen zwei Wagengrößen. Ein besonderer Warenzoll wird nur erhoben beim Kupfer, das man schon 100 Jahre vorher in Köln stapeln will. So wird jetzt für

---

[1]) Reutgen: Urkunden Nr. 126.
[2]) Reutgen: Urkunden Nr. 70.
[3]) Hans. Urk.-B. III Nr. 601.
[4]) Hans. Urk.-B. III Nr. 603 S. 387. An Goslar ist dabei in erster Linie zu denken.
[5]) Hans. Urk.-B. I Nr. 61.

den Zentner gekauftes Kupfer 1 d. Zoll verlangt; dagegen ist der Verkauf von Kupfer zollfrei. Zur Zeit der beiden großen Jahrmärkte im August und Oktober erhöhen sich die Zollsätze auf das Doppelte für die Ausfuhr, wogegen Einfuhr vollständig zollfrei ist. Für die Kupferausfuhr besteht sogar am Oktober=Jahrmarkt ein Zollsatz von $3^1/_2$ d pro Zentner. Durch eine Zollrolle, die der Zeit nach zwischen den beiden eben genannten steht (1171),[1]) wird den Dinanter Kaufleuten ihre 1103 festgesetzte Zollrolle bestätigt, und für den Kupferzoll während der großen Jahrmärkte werden die bekannten Sätze festgelegt.

Im Jahre 1262[2]) erlassen die Grafen von Holstein eine Zollordnung für die Kaufleute der Mark Brandenburg u. a. in Hamburg. Die Grafen Johann I. und Gerhard I. beurkunden hier die zur Zeit ihres Vaters Graf Adolf IV. gültig gewesenen Zollsätze, welche durch Willkür der gesamten Kaufleute vom Meere geändert worden sind. Die Kaufleute der Mark Brandenburg empfingen ihren besonderen Freibrief darüber, außerdem werden genannt die Kaufleute des Markgrafen von Meißen, des Erzbischofs von Magdeburg und des Herzogs von Braunschweig und Sachsen. Hier findet sich eine Stelle, aus welcher hervorgeht, daß Hamburg zum Stapelplatz gemacht resp. der Marktverkehr gehoben werden soll. Es wird nämlich von dem Kaufmann der Mark Brandenburg für einen Wagen Pech, den er in Hamburg verkauft, 8 Pfg. Zoll bezahlt, der Zoll erhöht sich aber auf das Doppelte, sobald das Pech durch Hamburg ans Meer gebracht werden soll für einen überseeischen Markt. Dasselbe Prinzip liegt auch der Bestimmung zu grunde, daß in Hamburg gekaufte Waren ad reducendum in partes suas (Heimat) zollfrei sind. Nur für Vieh ist ein entsprechender Zoll zu zahlen. Dagegen werden die in Hamburg für überseeische Orte gekauften Waren mit 4 Pfg. für ein bestimmtes Quantum verzollt. Außerdem bestand noch eine besondere Zollpflicht für die Fremden in dem Ungeld der 20. Mark. Diese hohe Sonderbesteuerung verfolgt denselben Zweck wie der

---

[1]) Hanf. Urk.=B. I Nr. 22.
[2]) Hanf. Urk.=B. I Nr. 573.

Ausfuhrzoll. Dadurch soll der Markt in Hamburg selbst belebt werden. Die Warenausfuhr durch Hamburg nach dem Meere zu wurde erschwert, auf der anderen Seite aber der Verkehr von Hamburg nach dem Hinterlande erleichtert. Der Zoll für Waren, die von der Meerseite auf der Elbe durch Hamburg durchgeführt werden sollten, wurde zu gleicher Zeit von Waren und Transportmitteln erhoben und bedeutete natürlich eine nicht geringe Verkehrsbelastung.

Ziehen wir somit das Resultat, so finden wir, daß der Ausfuhrzoll den Charakter des Marktzwanges trug. Er soll verhindern, daß die Kaufleute, ohne Geschäfte zu treiben, die Stadt passieren und sie vor allen Dingen zur Zeit der großen Jahrmärkte zwingen, sich an ihnen mit ihren Waren zu beteiligen.

Ueber die Art und Weise der Erhebung dieser Zölle ist uns nichts berichtet; auch ist die Zeit nicht angegeben, innerhalb welcher die Bezahlung stattgefunden haben muß.[1]) Wir sind also hier nur auf Vermutungen angewiesen. Da sich aber die Zölle als Ein= und Ausfuhrzölle darstellen und die Normierung nach Wagenladungen geregelt wird, so geht man wohl nicht fehl, wenn man annimmt, daß sie am Tore erhoben wurden, und zwar sofort bei der Einfahrt resp. Ausfahrt. Diese Art der Erhebung finden wir in den Kölner Urkunden 1103, 1171, 1203. Doch muß man sie streng scheiden von der zweiten Zollart, den eigentlichen Marktzöllen, die hier in Köln in derselben Weise, nur zu anderer Zeit erhoben werden. Darüber wollen wir Näheres unten ausführen.

c. Die Handelszölle.

Die eigentlichen Marktzölle oder Handelszölle sind Abgaben, die von den Marktgeschäften entrichtet werden müssen. Wir unterscheiden hierbei einen doppelten Modus. Entweder verzollte man die einzelne abgeschlossene Geschäftshandlung, oder man belegte die zum Markt gebrachten Waren mit einem Zoll. Betrachten wir zunächst den Zoll vom einzelnen Geschäft.

Diese Abgabe steht mit dem Recht des Handels überhaupt, oder mit der Erlaubnis, auf dem Markte Geschäfte treiben zu

---

[1]) Eine bestimmte Fristtstellung hat die Urkunde von Lübeck 1227. a. a. O.

dürfen, in keiner Beziehung. Sie kommt der Zeit nach später in Frage. Für diese Zollart ist der Ausdruck „zol" der gewöhnliche.[1]) Der Abt von Tholey wird genannt als Zollherr: ihme stehe der zol zu von allem demjenigen, das hie feil gehalten und verkauft wird, oder wie es am Ende des 15. Jahrhunderts[1]) einmal heißt, ... et habet ibidem (sc. forum seu nundinas) dominus abbas de iis quae venduntur et emuntur theloneum seu iuris dictionem.

Ursprünglich fand die Bezahlung dieser Zollart sofort nach Abschluß des Geschäftes statt. Daß dieser Zustand wirklich geherrscht hat, geht aus einigen urkundlichen Stellen hervor. Die bekannte Kölner Urkunde von 1103 soll uns als Beispiel genügen. Sie erwähnt den Fall: Si autem stagnum, lanam, lardum, unguentum vel, quod ad pontus pertinet, vendiderint, venditor nihil omnino sed emptor consuetudinem dabit. Hiermit ist ausgesprochen, daß der Zoll nach abgeschlossenem einzelnen Geschäft bezahlt wird.

Analoge Zollverhältnisse finden sich in der Lübecker Zollrolle von 1227.[2]) Dort wird beim Pferdetausch von jedem Fremden ein Zoll von 8 d. verlangt, genau soviel, als der Marktzoll für den Fremden beträgt für ein Pferd, das im Schiff vom Meere her eingeführt wird. Die Lübecker Rolle sieht also den Pferdetausch nicht für ein Geschäft an, sondern für zwei Geschäfte, und erhebt danach den Zoll von jedem einzelnen der Tauschenden.

Die Bezahlung des Zolles vom Kaufgeschäft ist auch nicht einheitlich. In Lübeck bezahlt jeder der Beteiligten. Dies wäre das Naturgemäße, und es kommt auch öfter vor, daß Käufer und Verkäufer sich in den Zoll teilen. Doch ist dies nicht überall der Fall. Nach der Kölner Rolle von 1103 ruht der Zoll auf den Schultern des Käufers.

Die Höhe des Zolles war der Größe des abgeschlossenen Geschäftes angemessen. Doch wird hierbei eine Abschätzung von Fall zu Fall oft nicht leicht und ohne Zweifel mit Unzuträglich-

---

[1]) Lamprecht: Deutsches Wirtschaftsleben im Mittelalter II. S. 269 [3]) [4]).
[2]) Hans. U.=B. I Nr. 223.

leiten verknüpft gewesen sein. Infolgedessen lag das Bestreben nahe, auch hierin eine genauere Taxierung vorzunehmen. Man bewirkte dies dadurch, daß man nicht mehr das einzelne Geschäft verzollte, sondern nunmehr die verkaufbare Ware. Jetzt mußte natürlich der Verkäufer den Zoll bezahlen. Wir finden diese Zollart in Luxemburg 1244[1]) Hier wird von jedem feilen Kauf, außer von Getreide, in der Stadt und der Bannmeile ein Zoll von 2 d. erhoben, wenn die Waren den Wert von 20 s., von 3 ob., wenn sie den Wert von 15—20 s., von 1 d., wenn sie den Wert von 15—10 s., von 1 ob., wenn sie den Wert von 10—5 s. repräsentieren. Der Verkauf unter 5 s. bleibt zollfrei. Nach der Handfeste von Freiburg in Ü. 1249[2]) ist die Zollskala folgendermaßen:

Villanus vel quicunque fuerit zahlt für Waren im Werte
bis zu 5 sol. = den.
unter 5 sol. = ob.
bis zu 2½ sol. = zollfrei.

Wieder anders ist die Zollhöhe in Wiener-Neustadt nach der Rolle 1244.[3]) Hier wird bezahlt:
de negatione 30 denariorum = 1 d.
infra usque 15 den. = ob.
„ „ 15 „ = zollfrei.

In Eisenach 1283[4]) lautet die analoge Bestimmung:
de solido = 1 d.
de sex nummis = ob.
infra sex den. = nihil.

Nach dem Zollvertrag zwischen Worms und Speyer 1207, der zum Zwecke gegenseitiger Erleichterung abgeschlossen wurde, ist Zollfreiheit für Waren bis zu 20 s. Wert.

Im 1. Straßburger Stadtrecht dagegen reicht die Zollfreiheit nur bis 5 s.[5])

---

[1]) Lamprecht, A. a. O. II. S. 315.
[2]) Gaupp: Stadtrechte II S. 99/100 § 100.
[3]) von Inama 3ᵃ Beilagen S. 517.
[4]) Gaupp I 202/3.
[5]) Keutgen Nr. 126.

Dasselbe System herrscht auch in Saarbrücken:[1] „auch machen wir alle, die in dieser frieheit sint zu Saarbrucken und sanct Johann und herkomen, sollent keufen und verkeufen, also sie bisher hant gedan, und von allen keufen, die sie mit einander driebent, sint sie uns schuldig 2 d. von dem phunde, der keufer einen, und der verkeufer den anderen.

Dem Zoll auf Handelsware begegnen wir auch in dem Rotel von Freiburg.[2] § 12 enthält die Bestimmung für den Weinverkauf des Fremden. Hier heißt es: Alienus de vase vini quod ducit in civitatem, si simul vendit, IV den., si vendit ad tabernam, de libra dabit IV d. Hier haben wir also keine Abgabe vom einzelnen Geschäft, sondern von der verkaufbaren Ware. Desgleichen redet das erste Straßburger Stadtrecht[3] im § 47 von einem Zoll auf Schwertern, welche nach dem Markte zum Verkauf gebracht werden. (Gladii qui vaginis inclusi portantur in foro venales.) Ein anschauliches Bild für diese Zollart bietet uns die Marktordnung von Enns. Herzog Ottokar von Steiermark erneuert zu gunsten der Kaufleute von Regensburg, Köln, Aachen und Ulm die Marktordnung seines Vaters Ottokar für Enns 1191.[4] Neben anderen Verordnungen wird hier die Bestimmung getroffen, daß die Schiffe zur Zeit zweier Jahrmärkte gezwungen werden sollten, in Enns anzuhalten, ohne daß ein Zoll von ihnen erhoben werden sollte. Nach Marktschluß aber wird durch den Grafen von Regensburg und die Richter der Stadt eine Revision der beladenen Schiffe vorgenommen und auf drei Warengattungen de cutibus, de cera, de equipollentibus ein Zoll von XII den. für den Zentner gesetzt. Es ist anzunehmen, daß diese drei Warengattungen in Enns während des Jahrmarktes gekauft wurden. Der Einkauf selbst ging während des Marktes ungehindert vor sich; die Verzollung erfolgte am Ende des Marktes in der angegebenen Weise.

---

[1] Lamprecht, a. a. O. II S. 315[1]).
[2] Keutgen: Urk. Nr. 133.
[3] Keutgen: Urk. Nr. 126.
[4] Ulmisches Urk.-Buch Bd. 1 Nr. XVIII.

d. Die Abgaben selbst und der Erhebungsmodus.

Die Abgaben selbst wurden im primitiven Zustand der Verzollung in natura geleistet und bestanden in, kurz gesagt, allen Waren, die zu Markte kamen. Ein farbenreiches Bild hierfür haben wir in dem Koblenzer Zoll von 1104.[1]) Hier bezahlt man mit Wein, Käse, Wachstafeln, Schaf- und Bocksfellen, Heringen, Aalen, Lachsen, Schweinen, Gänsen, Bier, Salz, Pfeffer, Schwertern, Bechern, Kupfergefäßen u. s. w. Manchmal wird die Wahl gelassen zwischen einer Natural- oder Geldabgabe, so kommt z. B. vor die Wahl zwischen magna ulla cerevisie aut ferto,[2]) V. ulnae vel dimidia marca. Gewöhnlich war hierbei die Anzahl der betreffenden zu zahlenden Warenstücke festgesetzt, oder es wurde als Zollabgabe angegeben parvula portio iuxta quantitatem.[3]) Später führte sich die Zahlung in Geld von selbst ein, zur Zeit als die Veranlagung nach Warengattung durch den Wertzoll verdrängt worden war.

Die Art und Weise der Erhebung des Marktzolles ist uns nirgends geschildert. Wir wollen versuchen, uns aus verschiedenen einzelnen Bemerkungen in den Zollrollen ein Bild zu entwerfen. Wo der Zoll vom einzelnen Kaufgeschäft erhoben wurde, sind eben die Verhältnisse so einfache gewesen, daß eine Kontrolle seitens der Zollbeamten möglich war. Bei größeren Märkten aber, wo man an Stelle des Zolles vom einzelnen Kaufgeschäft die Kaufware verzollte, hat jedenfalls die Bezahlung am Tor stattgefunden, wie es bei den Transitzöllen die Regel gewesen ist. Die Transportmittelveranlagung läßt mit Sicherheit darauf schließen. Die Kölner Urkunde von 1103[4]) enthält eine für unsere Frage interessante Stelle. Sie lautet: de quacunque parte veniant (sc. mercatores) si merces suas solverint et aliquid vendiderint, in redeundo ad portam 4 den. de sauma, et, si non solverint et vendi-

---

[1]) Mittelrheinisches Urkundenbuch I Nr. 400.
[2]) Lübisches Urkundenbuch Nr. 127.
[3]) Koblenz 1209. M. R. U. B. 2 Nr. 242.
[4]) Hansisches Urk.-Bch. III Nr. 601.

derint, nihil dabunt. Auf dieselbe Art und Weise der Zoll=
erhebung läßt auch die Kölner Urkunde von 1203¹) schließen:
Exeuntes autem de colonia cum curribus vel carrucis, de
curru onerato quibuscunque mercibus Colonia emptis
quatuor denarios et de carruca onerata duos denarios
dabunt, de mercibus vero ibi emptis nihil dabunt nisi de
cupro de quolibet centenario unum denarium, sed de
vendito cupro nihil penitus dabunt, de stagno similiter de
singulis centenariis singulos denarios, de libra ungenti
denarium, de centenario plumbi obulum tantum.

Daraus geht hervor, daß der Marktzoll auf Kaufware am
Tore nach Marktschluß erhoben wurde. Es läßt sich denken,
daß bei Beginn des Marktes die Ware eingesehen und am Markt=
schluß revidiert wurde, worauf für das Verkaufte der Marktzoll
zu entrichten war. Ueber die Frist, bis zu welcher die Bezah=
lung zu erfolgen hat, spricht die Lübecker Zollrolle 1227:²)
quousque in civitate permansit (sc. mercator) eousque
teloneum non deducit. Ja erst drei Tage nach Verlassen
der Stadt verstreicht die Frist.

Aeußerlich lassen sich bei dieser Zollerhebung die Handels=
zölle und die Ein= und Ausfuhrzölle nicht unterscheiden. Diese
sind jedoch ihrer Natur nach etwas wesentlich anderes, wie wir
oben ausgeführt haben. Jener aber wird eben zufällig an derselben Stelle auf dieselbe Weise wie diese erhoben. Hatte der
Kaufmann seinen Zoll entrichtet, so erhielt er als Ausweis
eine Marke, wie die Kölner Rolle 1203 erzählt: theleonarius
eis signum dabit.³) In der Neuordnung des Stadthaushaltes
von Straßburg a. 1405⁴) wird diese Legitimation an ver=
schiedeneren Stellen erwähnt als „worzeichen". Es heißt
dort z. B. betreffend die viere Ungeltere: „und sullent ouch
su niemanne kein worzeichen geben, su habent danne

---

¹) Hansisches Urk.=Bch. I Nr. 61.
²) Hansisches Urk.=Bch. I Nr. 223.
³) Hansisches Urk.=Bch. I Nr. 61.
⁴) Reutgen, Urk. Nr. 214 § 106.

vorhin der selben gelt den sie worzeichen geben sullent in die Kiste geton etc. . . . . .¹).

e. Die Abgaben für die Verkaufsvorrichtungen.

Die Frage nach dem Charakter der Gebühren für die städtischen Markteinrichtungen erfordert eine vorherige Betrachtung dieser verschiedenen Verkaufsvorrichtungen selbst, denen wir uns zunächst zuwenden wollen.

Gengler zählt²) die verschiedenen Arten der Marktstände ꝛc. auf, indem er sie unterscheidet nach ihrer äußeren Form. Wir möchten ihm hierin nicht folgen, da die Betrachtung der Gebühren für die Benutzung der Marktstände ꝛc. zeigt, daß man ein anderes Unterscheidungsprinzip zu grunde legen muß. Man muß die verschiedenen Verkaufsvorrichtungen nämlich unterscheiden in solche, die zu flüchtigem Marktgebrauch aufgeschlagen wurden, um am Schluß des Marktes wieder weggeräumt zu werden, und andere, die fester gebaut, die Marktzeit überdauerten und als ständige Verkaufsstellen dienten.

Wenn wir uns der Betrachtung der ersten Art von Verkaufsvorrichtungen zuwenden, so gehört hierher zunächst der einfache Platz auf dem Markt, der gemietete Raum am Boden, auf welchem die Waren ausgelegt wurden, oder wo die beladenen Wagen standen. In diesem Fall wurden die Waren gleich von den Wagen herab verkauft. In der Urkunde des Abtes Erkenbert von Corbey für den Markt von Höxter a. 1115,³) der bei weitem schönsten Belegstelle für diese Art von Abgaben, ist die Gebühr für den Platz vorgesehen (de singulis . . . . locis, in quibus cum mercimoniis consistunt mercatores IV. nummi etc. . . . . . persoluantur). Ausführlicher spricht hiervon der S. Simeoner Rhein- und Moseltarif.⁴) Hier finden sich neben dem Zoll auf die anderen Verkaufsvorrichtungen die Abgaben von Waren, die auf der Erde ausgebreitet

---

¹) Vergl. auch dasselbe Keutgen Nr. 239, 7, vergl. auch unten die Päße für vom Zoll befreite Bürger und Zollzeichen.
²) Deutsche Stadtrechts-Altertümer. Erlangen 1882 S. 135 ff.
³) Erhard: Westfäl. Urk.-Bch. I Nr. 184.
⁴) M. Urk.-B. II Nr. 242, vergl. dazu Lamprecht II S. 312/13.

lagen (Käse, Eier, Baumfrüchte, Gemüse u. s. w.) und zwar wird von ihnen parvula portio juxta quantitatem als Zoll verlangt. Wenn an anderer Stelle dieselbe Urkunde von Häuten, Flachs, Wolle, Tuch, Salz, Getreide bemerkt, daß diese Produkte nec supra mensem nec supra scragonem nec sub tentorio vendunt, so ist wohl anzunehmen, daß in diesem Fall auch die Abgabe für die Benutzung des Platzes gemeint ist, auf welchem die betreffenden Waren aufgestapelt oder, was noch wahrscheinlicher ist, gleich vom Wagen herab verkauft wurden.[1]) Auch das Stadtrecht von Kirchberg a. 1259[2]) hat die Platzabgabe. Es schreibt dieselbe vor mit den Worten: Jtem quicunque ad nundinas annuales ibidem venerit, durantibus nundinis stabit in loco sibi assignato, et cum recesserit, dabit pro theloneo unum denarium Trevirensem.

Es wäre nicht schwer, noch mehrere Beispiele gleichen Inhalts anzuführen, doch wollen wir uns an den gegebenen genügen lassen, um zur Besprechung der eigentlichen Verkaufsvorrichtungen überzugehen. Es sind dies Bänke, Tische, Stände, Buden, Hütten u. s. w. Gengler[3]) beschreibt alle diese einzelnen Verkaufsstellen in eingehender Weise auf Grund eines reichen Urkundenmaterials, sodaß wir uns damit begnügen können, hier auf ihn zu verweisen. Diese Verkaufsstände wurden für die Zeit des Marktes aufgestellt, und zwar hatte jeder einzelne seinen bestimmten Platz. Sie standen in langen Reihen nebeneinander, indem zwischendurch Gassen freigelassen waren als Zugänge für die Käufer. Die einzelnen Handelszweige hatten ihre Kaufstellen beisammen und bildeten so gewissermaßen wieder einen besonderen Markt unter sich.[4]) Die Errichtung der Kaufstellen veranlaßte entweder der Marktherr, in dessen Interesse es natürlich liegen mußte, dafür zu sorgen, oder die Kaufleute und Handwerker bauten sie selbst. In den Urkunden finden wir zur Bezeichnung hierfür Ausdrücke wie mercatum construere, erigere, aedificare z. B. für Queblin-

---

[1]) Lamprecht a. a. O. S. 313*).
[2]) M. Urk.-B. III Nr. 1491.
[3]) A. a. O. S. 136 ff.
[4]) ibid. S. 137/38.

burg 994: Otto .... mercatum erigere decrevimus,¹) für Eßlingen und Stade a. 1058 Chuonradus ...... licentiam dedimus construendi mercatum.²) Selbstverständlich war die Geschäftslage der verschiedenen Kaufstellen nicht gleich gut. Daß es dabei unter den Händlern zu Streit kam über die günstige resp. ungünstige Lage des eigenen Verkaufsstandes, liegt auf der Hand. Es wurden daher an den verschiedenen Orten Versuche gemacht, die Zufriedenheit unter den Verkaufenden herzustellen. Eine interessante Belegstelle für diese Bestrebung enthält die Konföderation der Städte Münster und Osnabrück a. 1246.³) Es wird hier bestimmt, daß bei den Jahrmärkten in der Diözese Münster die Händler aus Münster zuerst ihre Verkaufsstände aufschlagen dürfen, bei den Jahrmärkten in der Diözese Osnabrück die Kaufleute aus dieser Stadt dafür den Vorrang haben sollen: (si convenerimus ad nundinas Monasteriensis diocesis, Monasteriensis ibi priores erunt in tentoriis figendis Osnabrugensibus juxta se immediate admissis; similiter et si ad nundinas Osnabrugensis diocesis declinaverimus, Osnabrugensis in figendis ibi tentoriis preferentur et Monasterienses primi eis erunt.) In Wismar a. 1351 suchte man einer eventuellen Unzufriedenheit der Händler mit ihrem Verkaufsplatz dadurch zu begegnen, daß man einen regelmäßigen Wechsel der einzelnen Verkaufsstellen verordnete, wobei die einzelnen Plätze ausgelost wurden.⁴) Die Verkaufsstände blieben nur während der Marktstunden am Tage stehen; wenn das Fähnlein oder irgend ein anderes Symbol des Marktfriedens eingezogen wurde, war das Zeichen gegeben, mit dem Wegräumen der Marktstände zu beginnen, um sie eventuell am nächsten Morgen an derselben Stelle wieder aufzubauen.⁵)

Diese Bestimmung betraf natürlich nur die leichten, beweglichen Verkaufsvorrichtungen. Ganz anders dagegen verhält es

---

¹) Keutgen Nr. 48.
²) ibid. Nr. 57.
³) Wilmans: Westfäl. U.-B. III Nr. 450.
⁴) Techen in H. G. Bl. 1897 S. 91.
⁵) Gengler a. a. O. S. 138.

sich mit den festen Buden. Sie hatten ihrer ganzen baulichen Beschaffenheit nach den Zweck, als dauernde Verkaufsstellen zu dienen. Über ihre Größe bestanden in den einzelnen Handwerkszweigen bestimmte Vorschriften. Sie waren entweder freistehend oder mit der Hinterseite an ein Haus gelehnt, während die Vorderseite der Straße zugekehrt ein großes Auslagefenster hatte. Diese Buden waren nicht nur Verkaufsstellen, in ihnen befand sich auch meist die Werkstätte des betreffenden Handwerkers. Den Goldschmieden in Lübeck war sogar verboten, an anderer Stelle als in ihren Buden zu arbeiten.[1]) Mit der Zeit bekommt manches solches Häuschen ein zweites Stock, um nun von dem Händler mit seiner Familie bezogen zu werden. Die Mecklenburger Kunst- und Geschichtsdenkmäler II S. 177 bieten uns die Abbildung einer zweistöckigen Verkaufsbude, wobei man annehmen kann, daß das obere Stockwerk zur Wohnung, das untere zur Verkaufsstelle und Werkstätte diente. (Freilich soll das obere Stockwerk nach Techen S. 91 erst aus dem XV. Jahrhundert stammen.) Die Standorte der Verkaufshäuschen befanden sich an der äußeren Seite des Marktes.[2])

Aber nicht nur auf dem Markte, sondern auch in den Marktstraßen und überhaupt in der ganzen Stadt verstreut fanden sich die Verkaufsbuden, besonders an Kirchen angelehnt, überhaupt an Orten, wo ein lebhafter Verkehr Aussicht auf Verkaufsgelegenheit bot. Durch die Urkunde von 1327,[3]) betreffend Kauf- und Erbleihe einer Krambude durch den Rat, haben wir Kenntnis, daß eine Krambude in Erfurt ihren ständigen Platz am Kirchturm von St. Egidii hatte. In derselben Stadt erinnert noch heute die sog. Krämerbrücke daran, daß auf ihr die

---

[1]) Techen a. a. O. S. 91.
[2]) Anm. Die schmalen eng aneinander liegenden Häuser am Jenenser Markt erinnern vielleicht noch an die einst an derselben Stelle gewesenen Verkaufshäuschen, indem die eigentliche Marktgrenze selbst bis an die Häuserreihe der Rathaus- und Oberlauengasse ging, während die jetzt am Rande des Marktes stehenden engen Häuser an Stelle der früher in einer Linie sich befindlichen festen Verkaufsbuden getreten sind.
[3]) Reutgen: Urk. Nr. 203. cf. dazu Mitteilungen des histor. Vereins zu Osnabrück Bd. XIV S. 97 ff.

Krämer ihre ständigen Buden damals aufgeschlagen hatten. Die Stadtverwaltung wollte die hölzerne Brücke durch eine steinerne ersetzen und mußte daher die Renten von den Buden auffaufen. In der Urkunde aus dem Jahre 1268[1]) wird dies festgelegt. Neben den einzelnen Verkaufsbuden gab es in der deutschen Stadt des Mittelalters noch ein besonders großes Haus, welches alle Verkaufszweige in sich vereinigte, das Kaufhaus.[2]) Jeder einzelne Handelszweig besaß seine besondere Abteilung in dem zweistöckigen Gebäude, die sog. camerae, Kaufkammern. Hier im Kaufhaus konzentrierte sich der städtische Handel, und außerdem war das Kaufhaus für die fremden Kaufleute der gegebene Ort ihrer Geschäfte, der die Kontrolle erleichterte und den Warenumsatz in gesunden Bahnen erhielt.

Wir wollen nunmehr zur Besprechung der Abgaben übergehen, die für die geschilderten Verkaufsvorrichtungen zu entrichten waren. Auch für sie ist der urkundliche Ausdruck theloneum geläufig. Doch ist diese Abgabe eine besondere, rein städtische, neben den übrigen Zöllen. Diese Steuern fallen in eine Kategorie mit den Abgaben, die später Akzisa, Cisa, Ungeld genannt werden und sind, wie der Name Ungeld besagt, eigentlich unerlaubt, da sie nicht gemäß der Regalität der Zölle von seiten des Reichs errichtet sind. Um den Schein des Unberechtigten zu vermeiden, nennt man diese Gebühren nicht mehr theloneum, sondern setzt dafür Akzisa ꝛc.[3]) Es ist dabei zunächst festzustellen, welches der Charakter dieser Abgabe gewesen ist. Lamprecht[4]) bringt das Standgeld mit dem Kaufgeschäft in Zusammenhang, indem er meint, daß „unter dem Zurücktreten des Standgeldes ein eigentlicher Tarif für die Abgabe vom feilen Kauf sich entwickelt." Doch ist in Wirklichkeit die Abgabe für Verkaufsvorrichtungen in keinerlei Zusammenhang mit dem Geschäft gewesen, wie aus mancherlei

---

[1]) Keutgen: Urk. Nr. 331.
[2]) Vergl. Gengler a. a. O. S. 330 ff.
[3]) Vergl. Riggl, der Zoll im alten deutschen Recht und nach modernem Reichsrecht S. 20/21.
[4]) A. a. O. II S. 314.

Belegstellen hervorgeht, es ist immer eine fixe Abgabe gewesen, deren Höhe nur von der Größe der benutzten Verkaufsvorrichtung abhängig ist, nicht aber vom Geschäft.

Betrachten wir daraufhin die klassische Urkunde für den Markt von Höxter a. 1115.¹) Da der Markt in Höxter dem Abt Eckenbert bisher nichts eingebracht hat, erläßt er die Bestimmung, ut singulis annis de singulis macellis vel locis in quibuscum mercimoniis consistunt mercatores IV. nummi kamerae nostrae persolvantur in cathedra Sancti Petri, sicut mos est et consuetudo in omnibus locis, in quibus mercatus regio privilegio firmati sunt. Das Standgeld also als Abgabe für die Benutzung der einzelnen Verkaufsstände und des Platzes, an welchem die Kaufleute mit ihren Waren sich aufgestellt haben, wird in Höxter alljährlich erhoben, wie es Sitte und Gewohnheit auf allen Märkten ist, die mit königlichem Privileg ausgestattet sind. Eine weitere Belegstelle für das Vorhandensein dieser Zollart haben wir in dem Privileg, welches Kaiser Lothar den Kaufleuten von Quedlinburg 1134 verlieh.²) Es heißt dort: ut mercatores lanei et linei panni et pellifices de forensibus stationibus tributum non reddant. Die Kaufleute zweier Branchen werden von dem Zoll für die Benutzung der Marktstände befreit, also wird er tatsächlich existiert haben. Später begegnen wir derselben Gebühr in Quedlinburg unter dem Namen stetegeldt.³) Das Stadtrecht von Bern⁴) aus dem Jahre 1218 bemerkt ausdrücklich, daß ein Standgeld nicht erhoben werden soll: Volumus etiam, ut omnes mercatores tempore fori publici in plateis vel allodio imperii ubicunque voluerint preter allodia civium sibi areas et tentoria preparent sine precio et contradictione. Eine lehrreiche Stelle für die Abgaben dieser Art findet sich in dem Koblenzer Tarif von 1209.⁵) Hier wird von jeder Kram-

---

¹) Erhard, a. a. O. I Nr. 184.
²) Urk.-B. von Quedlinburg I 10.
³) Rietschel a. a. O. S. 77.
⁴) Reutgen: Urk. Nr. 134 Art. V § 1.
⁵) M. Urk.-B. II Nr. 242. vergl. dazu Lamprecht II S. 312/13.

bube (cramh) $^1/_2$ d. (ob.) für jeden Jahrmarkt in der Zeit vom 1. Oktober bis 11. November und $^1/_4$ d. vom 11. November bis 1. Oktober erhoben. Vom Tisch und Schragen (de seragone) wird $^1/_4$ d. für jeden Jahrmarkt in der Zeit vom 1. Oktober bis zum 11. November, und dieselbe Summe für zwei Jahrmärkte in der Zeit vom 11. November bis zum 1. Oktober bezahlt. Zunächst wollen wir feststellen, daß auch aus dieser urkundlichen Stelle hervorgeht, daß das Standgeld eine fixe Abgabe ist, daß seine Höhe in keinem Zusammenhang mit dem Geschäft selbst, mit dem Warenumsatz steht. Sodann ist die Aufmerksamkeit darauf zu richten, für welchen Zeitraum die Bezahlung des Standgeldes zu erfolgen hatte. Lamprecht meint nach seiner Tabelle hierüber,[1]) es sei täglich der angegebene Zoll zu zahlen gewesen, doch ist diese Annahme nach dem Wortlaut der Urkunde selbst unmöglich. Dort heißt es, der betreffende Zoll wird bezahlt de qualibet feria fori. Nun kann aber feria resp. feriae niemals mit Tag übersetzt werden,[2]) es heißt vielmehr Jahrmarkt. So wurde also in Koblenz 1209 das Standgeld erhoben als Gebühr für die Benutzung der Verkaufsvorrichtungen während der Dauer der ganzen Marktzeit, im Gegensatz zu Höxter, wo das Standgeld alljährlich zu bezahlen war. Der letztere Modus wird wohl der regelmäßige gewesen sein, auch ist ja anzunehmen, daß die von auswärts zum Markte kommenden Kaufleute ständig anwesend waren. Für die Bürger entwickelt sich aus dieser Abgabe der sog. Jahrzoll, dem wir hie und da in den Urkunden begegnen.

Für die festgebauten Verkaufsbuden der Händler bestand auch eine bestimmte jährlich zu entrichtende Gebühr. Das Bestreben der Budenbewohner ging aber dahin, das Eigentumsrecht ihres Verkaufsstandes zu erlangen, was ja auch den Krämern auf der Krämerbrücke in Erfurt gelungen war.

---

[1]) a. a. O. S. 313.
[2]) Vergl. Du Canges: sub feriae = nundinas, quas ferias vulgariter appelamus . . . .

Auch die Miete für die Kaufkammern im Kaufhaus wurde jährlich entrichtet von Bürgern und Gästen in gleicher Weise, nur war die Stellung letzterer insofern eine schlechtere, als sie zum Besuch des Kaufhauses gezwungen waren.

Mit den Verkaufsvorrichtungen, deren Beschaffung seitens des Marktherrn vorgesehen wird, steht im engen Zusammenhang die öffentliche Wage.[1]

In dem Stadtrecht für Freiburg im Breisgau nach 1122 lautet § 36:[2] Qui serrat publicam libram burgensibus gratis concedat, ... extraneus dabit obulum de omni centenario.

Stolze[3] spricht von einem Eigennutz des Inhabers der Wage, der den fremden Kaufmann auszubeuten suchte auf Grund der Tatsache, daß die Fremden zur Benutzung der öffentlichen Wage verpflichtet sind, während die Einheimischen auch auf Privatwagen wiegen können. Dieser Schluß ist wohl nicht richtig, und diese Gewohnheit hat lediglich praktischen Zweck, auch trug die geringe Gebühr nicht den Charakter des Ausbeutens.

Kapitel IV.
Zolltechnisches.

Wir erheben die Frage: Nach welchem Grundsatz wurden die Tarife des 12. und 13. Jahrhunderts aufgestellt? Lamprecht hat für die mittelrheinischen Territorien hierin vorgearbeitet II 287. Weißenborn bringt einiges für das Elbgebiet und Köberlin für den Obermain. Auch Braunholz[4] behandelt diesen Punkt.

---

[1] Anm. Lamprecht II S. 268 f. knüpft den Zwang zur Benutzung der Wage an das Münzrecht an und bringt den Wiegezwang in Zusammenhang mit dem Verkaufzoll. Wir können dies nicht als glücklich bezeichnen, denn die Wage steht in einer Linie mit den Marktständen ꝛc., und die Wägegebühr ist in Parallele mit dem Standgeld zu setzen. So kommt die Wage an ihre richtige Stelle in der Betrachtung der Marktverhältnisse.
[2] Keutgen Nr. 133.
[3] a. a. O. S. 67.
[4] a. a. O. S. 47 ff.

Er stellt den Satz auf, „die Zolltarife gehen ursprünglich alle von dem gleichen Gesichtspunkt aus; die Höhe der zu leistenden Zollabgabe wurde bestimmt nach der Art der Transportmittel, nicht etwa nach dem Werte der durch dieselben beförderten Waren; nicht nach der Qualität, sondern nach der Quantität der Güter wurde gezollt." Diesem Grundsatz begegnen wir in manchen Zollrollen, doch ist ihm allgemeine Gültigkeit abzusprechen. Braunholtz selbst führt S. 48 den Gerolieter Tarif aus dem Jahre 1195 an, den der Kaiser Heinrich VI. dem Grafen Dietrich von Holland bestätigte. Dieser Tarif veranlagt im Gegensatz zu manchen anderen nach dem Wert der Waren. Für Waren im Werte von 20 M. wird 1 M. erhoben u. s. w. bis 100 M., für Waren im Werte von 100 M. und darüber bleibt die Abgabe 5 M.[1]) Wir müssen daher sagen, daß Zoll auf Transportmittel ohne Rücksicht auf Qualität der beförderten Waren und Wertzoll neben einander in unserer Periode vorkommen. Braunholtz's Ansicht hierüber ist also etwas einseitig. Das Primäre ist ohne Zweifel die Transportmittelveranlagung, wie wir an einigen Beispielen zeigen wollen.

Nach dem Weistum von Raffelstetten[2]) über die Zölle in der Ostmark 903—906 gelten folgende Normen:
1. de navi una donent, reddant
2. carre . . . . exsolvant
3. de sogma una
4. de onere unius hominis.

Wir haben also hier in Raffelstetten im 10. Jahrhundert eine noch ganz rohe Normierung des Zolles. Gleichwohl hat man schon den Versuch gemacht, unter den Schiffen bestimmte Größen zu unterscheiden; es wird nämlich einmal geredet de unaqua „navi legittima", id est, quam tres homines navigant. Offenbar soll damit die Größe des Schiffes bezeichnet werden. Sodann wird unterschieden zwischen sogma = sauma (als Last des Tieres) und onus hominis (als Last des Menschen). Diese Art der Zollbestimmung findet sich in unserer Periode

---

[1]) H. U. B. I 23.
[2]) Keutgen, Urk. N. 70.

sehr häufig. Wir können hierbei zwei Stadien konstatieren. Zuerst wird in den Rollen nur von Schiffen, Wagen ꝛc. gesprochen ohne Rücksicht auf ihre Größe. Diesen Zustand der Veranlagung repräsentieren verschiedene Urkunden.[1] Ein Beispiel möge hier aufgenommen werden.

Im Jahre 1193 wurde für Boppard neben dem bereits vorhandenen alten Zoll ein neuer Tarif auf Grundlage der genaueren Normierungsart aufgestellt.[2] Nach dem alten Zolltarif heißt es: apud Bopardiam nullum de cetero nisi antiquum persolvant theloneum, videlicet quod navis cuiuscunque quantitatis, sive ea parva sit sive magna tantum duorum denariorum et obuli col. mon. theloneum persolvant. Dieser alte Zoll kam nur an der Zollstätte Bevorzugten zu gute, die übrigen waren den neu eingeführten Sätzen unterworfen. Sie sind uns leider im einzelnen unbekannt.[3] Doch verdanken sie wohl ihre Entstehung der Ueberzeugung, daß die alte Normierungsart zu primitiv sei. In anderen Rollen war man schon dazu fortgeschritten, Größenunterschiede in den einzelnen Transportmitteln zu machen. Als Uebergangsstadium kann man die Veranlagung im Speier-Wormser Tarif 1208[4] bezeichnen. Hier unterscheidet man navicula, quedicitur nahcho (= 1 d.) und alia navicula cum duobus limbis (2 d.). Was wir uns unter den duobus limbis vorstellen (limbus i. M. = Streifen, Bordure, Gürtel, Schlinge, Georges. Lat. Lex.) sollen, ist nicht ausdrücklich gesagt; man kann wohl annehmen, daß es nicht sowohl Streifen oder Reifen ꝛc. gewesen sind, die zur Verzierung am Schiff angebracht gewesen sind, als vielmehr Bänder (aus Eisen jedenfalls), die um den Kahn herumgelegt waren, um ihn zusammenzuhalten und bei der Größe desselben doch wohl nötig gewesen sind. In Trier[5] wird Anfang des 14. Jahrhunderts noch bei Anfuhr

---

[1] cf. Braunholtz S. 47/48.
[2] Quellen zur Geschichte der Stadt Köln II 369.
[3] Braunholtz, S. 30.
[4] Boos Urk. I Nr. 111.
[5] Lacomblot S. 259 § 3b.

von neuem Wein ein navicula beobachtet, que curva ligna habet, que crucken dicitur. Die Schiffsart mit Crucken zahlt 2 d. und die Schiffsart ohne Crucken zahlt 1 d.; a. a. O. § 11 ist die Rede von einem navis que curva ligna, que curben dicitur habuerit = 4 d. Hier ist der Reifen von Holz; wie, wo und zu welchem Zweck er angebracht ist, entzieht sich unserer sicheren Kenntnis, jedenfalls aber ist sicher, daß er ein Unterscheidungsmoment in der Größe der Kähne ausmacht, und dies festzustellen ist das Wesentliche.

Aber noch auf andere Weise bezeichnet man die Grenzen zwischen den einzelnen Schiffen: Im Elbzolltarif a. 1136 für die Kaufleute von Magdeburg ist die Staffel einfach:[2]
1. maxima navis
2. navis de duabus mediocribus copulatis[1]
3. navis minor
4. navicula
5. minima navis.

Nr. 2 bildet also die festliegende Norm, nach der aufwärts und abwärts in den Schiffsgrößen abgeschätzt worden ist.

Es ist ersichtlich, daß hier von einer genauen Normierung nicht die Rede sein kann, und es wird wohl nicht selten zu Streitigkeiten am Zollhause zu Magdeburg gekommen sein über die Grenze zwischen sehr groß, groß, klein ꝛc. Das hat wohl auch dazu geführt, sich nach bestimmteren Merkmalen umzusehen und hiernach den Tarif festzulegen. Eine solche detaillierte Schiffsnormierung haben wir im Tarif 1209 von Koblenz.[3] Man unterscheidet hier dreierlei Schiffe:
1. Wolesshif, 2. Nachus, 3. Bloze.

Die Zollrolle von Damne a. 1252[2]) enthält auch eine

---

[1]) Jedenfalls sind es zwei Kähne mittlerer Größe gewesen (vergl. loseboyghe [Damme]), die auf eine nicht näher zu ermittelnde Weise mit einander verbunden gewesen sind. Vergl. die Würzburger Urkunde a. 1136. Hier wird gesprochen: de duabus mediocribus sibi copulatis (sc. navibus), doch wird das Diplom bezügl. seiner Echtheit angezweifelt.
[2]) Riedel. Cod. dipl. Brandenb. I. XVI[1]).
[3]) M. U.-B. II Nr. 242.
[4]) H. U. B. I Nr. 432.

Normierung nach Schiffen und unterscheidet dabei fünf Schiffs=
größen, die auf mancherlei Weise bezeichnet werden:
1. Magna navis trabeata = 12 ₰ comiti u. 4 ₰ feodatis
(mit eimem Mastbaum [trabs = Balken])
2. Navis, que habet loseboyhge[1]) = 8 ₰ „ „ 4 ₰ „
(loseboyhge = Boot zum Warenausladen)[2])
3. Navis que dicitur cuvare (= kleines Schiff)
   a. remex retro pendens = 4 ₰ „ „ 4 ₰ „
   ß. remex in latere = 2 ₰ „ „ 2 ₰ „
4. Navis dicta scarpoise[3]) (oder scarporse) = 4 ₰ „ „ 4 ₰ „
5. Navis que dicitur hegboth (Boot mit Heck, eine Art Barkschiff)
   a. que habet retro anulos ferreos = 4 ₰ . „ „ 4 ₰ „
   ß. ohne anulos ferreos = 2 ₰ „ „ 2 ₰ „

Diese Normierungsgesichtspunkte finden wir bei Schiffen in derselben oder in ähnlicher Gestalt noch häufig in allen Gegenden Deutschlands der damaligen Zeit. Wir wollen uns aber an den angeführten Beispielen genügen lassen, um auf die Transport= mittelveranlagung für den Landtransport unser Augenmerk zu richten.

Hier ist das alte System, wie wir es schon in der Raffel= stetter Rolle haben, im wesentlichen geblieben. Überhaupt kann man bei dem Vergleich dieser Verhältnisse in verschiedenen Gegenden Deutschlands nicht von einer zu jeder Zeit an jedem Ort gleichen Entwickelungsstufe reden. Sondern an manchem Orte halten sich die ursprünglichen Zustände sehr lange, an anderen geht eben der Fortschritt schneller (vergl. unten das Beispiel von Kronach). Wenn wir daher die einfachste Nor=

---

[1]) Besser für losoboynghe.
[2]) H.-B. Glossar S. 560.
[3]) Vergl. H.-B. Glossar S. 571.

mierungsform der Landtransportmittel unserer Periode suchen, so finden wir sie in dem Stadtrecht Friedrich I. von Lübeck 1188,[1]) de plaustro V d. solvent; ..... quot plaustra illuc transduxerint pro quibus theloneum supradictum dederint (§ 4). Man kennt also nur einen Wagen, d. h. man verzollt einfach nur den Inhalt des Wagens, Unterschiede in der Größe macht man nicht. Noch im Jahre 1370 wird im Stralsunder Frieden der Hansa[2]) diese Wagennormierung zu grunde gelegt, § 14 und 22. An beiden Stellen wird nur der Wagen genannt ohne Rücksicht auf seine Größe. § 13 werden unter gewissen Voraussetzungen von eme gewelken waghene achte grote bezahlt, § 22 ghift de waghene en artich penninghe. Für unsere Periode wird die einfache Wagenveranlagung noch belegt durch die Kölner Urkunde a. 1171 (de quolibet plaustro)[3]) und durch das Stadtrecht von Eisenach a. 1283 (de carrata für Kupfer, Wein, Bier, Getreide, Tuch)[4]).

An anderen Orten aber hat man bald gelernt, verschiedene Wagengrößen zu unterscheiden und zwar nach verschiedenen Prinzipien. Es wurden unterschieden:

1. Der große Wagen: carrus (Köln 1103), currus (Greifswald 1275), plaustratum (Damme 1252).
2. Der kleinere Wagen: vehiculum (1103 Köln, 1227 Lübeck), carruca (1227 Lübeck, um 1237—47 Hameln,[5]) 1275 Greifswald), biga (Damme 1252).

Das zweite Prinzip der Größenunterscheidung ist die Anzahl der Räder:

1. plaustrum quatuor rotarum } Freiburg[6])
2. plaustrum duarum rotarum

Das dritte Prinzip ist die Art der Wagenbespannung. Nach der Anzahl der Pferde wird verzollt (1252 Damme), currus

---

[1]) Keutgen, Nr. 153.
[2]) Keutgen, Nr. 437.
[3]) H. U.-B. Nr. 22.
[4]) Gaupp I 202/3.
[5]) Keutgen, Nr. 149.
[6]) Keutgen, Nr. 133 IV § 12.

vel biga debent pro equo; de quolibet equo ducente currum oneratum unus den. exsolvatur (1287 Brücke zu Nimburg)[1]):

curris salis adductus cum IV vel III equis
„ „ „ „ II equis
„ „ „ „ I equo (1325 Pirna).

Desgleichen richtet sich der Fährzoll dort nach der Anzahl der Pferde am Wagen: quotquot equi in curru fuerint, tot denarii persolvantur.[2])

Für die Landtransportmittel erhielt sich das alte Tarifsystem das ganze Mittelalter hindurch. Es war ja hier auch eine Änderung resp. Verbesserung oder Vergrößerung der Transportmittel schon durch die Wegverhältnisse ausgeschlossen. Der Kaufmann konnte eben bei der Art der Straßen immer nur eine bestimmte Größe der Wagen gebrauchen, und so gab es auch für den Zollherrn keine Veranlassung, sein System, das zwischen zwei Wagengrößen unterschied, zu ändern. Anders aber war es bei den Wassertransportmitteln. Hier war eine Unterscheidung der verschiedenen Schiffsgrößen betreffs der Zollhöhe für die Einnahme des Zollherrn sehr wesentlich.

Neben diesen größeren Transportmitteln gab es eine Menge kleinere.

Der Zolltarif für die zu einem Landfrieden verbundenen Herren und Städte in der Wetterau von 1265[3]) u. a. haben neben der Rückenlast des Menschen eine Zolltarifierung nach Lasttieren, Pferden, Maultieren, Eseln, auf denen der Transport geschah. Wir sind schon in der Rolle von Raffelstetten der Normierung sogma begegnet und haben gesehen, daß es im Verhältnis zu dem onus hominis, das dort ebenfalls angegeben ist, ein größeres Gewichtsquantum darstellt. Die Tarifbestimmung nach sogma oder sauma = Last hat die Freiburger Zollrolle bei Wein, Getreide, Salz, Honig. Der Kölner Tarif

---

[1]) Weißenborn S. 219.
[2]) ibid.
[3]) Böhmer: Urk.-Bch. der Reichsstadt Frankfurt 1. Band bearbeitet von F. Lau 1901 Nr. 254.

von 1103 bringt die Bestimmung ebenfalls, aber ohne Angabe der nach ihm normierten Waren. Die Zollhöhe für sauma ist gleich der Zollhöhe für vehiculum (s. o.). Dieselbe Normierung hat auch Hameln 1237—47 qui in equo ducit venalia sua dabit dimidium quartonis, qui in dorso baiulat, dabit latonem piperis.

Die Kölner Zollrolle von 1103[1]) hat als Norm einmal die Last, die der Reitende an dem Sattel befestigt hat (si equitans ad sellam corda mercem ligaverit) und stellt sie auf gleiche Zollhöhe mit dem kleinsten Wagen (vehiculum). Das Recht der Stadt Eisenach 1283[2]) kennt dieselbe Normierungsart; es wird hier de fasciculo sellae alligato für das Bündel, das am Sattel befestigt ist, = 1 d. bezahlt. Im Koblenzer Tarif von 1104 findet sich ein Zoll de uno quoque saumario, also von dem Lasttier, außer dem Zoll von seiner Last.[3])

Wir finden also, daß bei den angeführten Beispielen die Größe resp. der Rauminhalt der Transportmittel die Grundlage für die Aufstellung des Tarifs gegeben hat. Nach diesem Prinzip verzollte man noch im 16. Jahrhundert an der Zollstätte in Kronach.[4]) Dort werden auf dem Obermain die Waren auf Flößen befördert und im Zoll nach „Böden", d. h. nach der Quantität, die von einer Floßabteilung von 6—12 Stämmen getragen werden konnte. In dieser späten Zeit (1508) also wird in Kronach für Kupfer oder Sägespäne, Bier oder Kümmel pro Boden = 12 ₰ = $1_{,2}$ g. Silber bezahlt.

Wenn wir nach Beispielen über die primitivste Veranlagung des Zolls nach Transportmitteln uns umsehen, dürfen wir nicht den Fehler machen, Stellen heranzuziehen, die auf den ersten Blick vielleicht unserer Frage dienen zu können den Anschein haben, aber nach genauerer Prüfung als nicht hierher gehörig sich erweisen. Schiffe und Wagen sind an solchen Stellen nicht Normierungsmaßstäbe, sondern sie erscheinen als Erzeugnisse

---

[1]) H. Urk.-Bch. III S. 385 Nr. 601.
[2]) Gaupp I 203/5.
[3]) M.-U.-B. a. a. O.
[4]) Köberlin: Der Obermain als Handelsstraße Erl. u. Lips. 1899.

der Holzindustrie, selbst als Ware. So in den Mainzöllen 1157:[1]) de singulis novis navibus singuli = 4 d., dann in Freiburg i. Br.:[2]) plaustrum novum quatuor rotarum = d. In der Trierer Zollrolle aus dem Anfang des 14. Jahrhunderts[3]) heißt es: Si quis hic navem vendiderit, que curva ligna que curben dicuntur, habuerit, = 4 d. dabit; die Rolle fährt fort: si de quercu sola arbor fuerit, unum den. dabit, si alia arbor, obulum. Dreierlei Schiffe kommen zum Verkauf
1. mit hölzernen Reifen = 4 d.
2. aus Eichenholz = 1 d.
3, aus gewöhnlichem Holz = ob.

Die Kronacher Zollverhältnisse sind ein vereinzeltes Beispiel einer noch rohen Zollveranlagung in später Zeit. In anderen Gegenden Deutschlands war man hierin schon in bedeutend früherer Zeit weiter gegangen. Der erste Schritt der weiteren Entwickelung war die Unterscheidung einzelner Waren und verschiedene Zollbemessung für gleiche Quantitäten derselben. Man unterscheidet in der Rolle 1103 (Köln) Kupfer, Blei, Wolle, Schmalz, Speck, vel quod ad pontus pertinet, dann leinenes und wollenes Tuch et ceteras merces. Die Auswahl wird in manchen Urkunden etwas größer, aber im großen und ganzen ist sie beschränkt. Das Vieh wurde stückweise verzollt und für jede Gattung eine bestimmte Zollhöhe festgesetzt. Doch findet sich manchmal ein Wertzoll beim Vieh. So ist z. B. ein Brückenzoll an der Wertacher Brücke zu Augsburg 1276.[1]) Der Zoll von einem Mastschwein = dem von zwei mittleren = dem von vier kleineren Schweinen = $1/2$ d. Auch 1252 im Tarif von Damme haben wir Wertzoll für das Vieh neben dem Stückzoll. Der Wertzoll wird eingeführt neben der Transportmittelangabe in den Zollrollen von Köln aus dem Jahre 1171 und 1203 für die Kaufleute von Dinant.

In diesen Tarifen kommt es auf den Zoll für Metalle an.

---

[1]) Keutgen: Nr. 84.
[2]) Keutgen: Nr. 133 IV § 12.
[3]) Lacombl. S. 258.
[4]) von Inama 3² Beil. IV S. 517.

Die übrigen Waren werden nebensächlich in zusammenfassender Weise behandelt und kommen für uns außer Betracht.

Zunächst bemerken wir, daß bei Marktzoll resp. im Ortsverkehr eine andere Maßeinheit in Anwendung kommt als beim Transitzoll. Und dies zeigt so recht den Übergang der Normierung.

Lamprecht[1]) behandelt den Zolltarif 1203 und stellt eine übersichtliche Tabelle auf.[2]) Er findet in ihm „ein Beispiel ältester Ausgestaltung der Tarifierung". Die angeführten Gründe führen uns zu einer anderen Annahme, denn das Ursprüngliche ist das Zollsystem nach Transportmittelveranlagung ohne Rücksicht auf Warenqualitäten. Hier aber werden schon eine Anzahl Waren unterschieden. Beim Transitzoll liegt eben der Schwerpunkt im Transportmittel, von welchem der Kaufmann für die Straßenbenutzung und -abnutzung eine Gebühr schuldet.

A: Si trans Rhenum cuprum emerint:
    a. bei Wagenwechsel de quolibet plaustro = 4 d.
    c. ohne   „   . . . . = frei. 1171.
B: Si cuprum . . . . . afferant: transeuntes per Coloniam
    a. de curru = 1 d.
    ß. de carruca = ob. dabunt. 1203.

Der Marktzoll dagegen wird erhoben nach Gewicht: Der Kupferverkauf ist zollfrei, für Kupfereinkauf dagegen wird pro Zentner zur Zeit der S. Severinsmesse = 4 d., an den übrigen Märkten = 1 d. erhoben 1171.

Nach dem Tarif 1203 zahlt man beim Einkauf pro Zentner Kupfer, Zinn, Silber = 1 d., Blei = $\frac{1}{2}$ den. an den gewöhnlich. Märkten, zur S. Severinsmesse dagegen für Kupfer $3\frac{1}{2}$ d. Einfuhr ist frei, Verkaufsabgabe gibt es nicht, Ausfuhr wird wieder nach Wagen, currus und curruca, normiert. Bei Metallen lag es ja am nächsten, eine Aenderung des Tarifsystems eintreten zu lassen in der Richtung nach dem Wertzoll.

---
[1]) a. a. O. II S. 298.
[2]) a. a. O. S. 298 Anm. 3.

Vollständig durchgeführt ist das System nicht, aber die Anfänge können wir konstatieren. Als Übergang zu der Normierung nach mehr oder weniger bestimmten Quantitäten kann man die Zollangabe für $1/2$ und $1/4$ Wagen ansehen. Freilich sind die Beispiele dafür aus schon etwas späterer Zeit, doch ist das kein Grund gegen die Annahme, daß sie eine alte Normierung darstellen. Denn, wie schon an anderer Stelle erwähnt, halten sich einmal in manchen Gegenden die alten Tarifierungen länger als in anderen, sodann bleiben in den Tarifen selbst alte Normen neben den neuaufgekommenen häufig bestehen. Nach den Bestimmungen der Gräfin Margarete von Flandern über die Höhe des Zolles zu Damme 1252[1]) findet bei Zwiebeln und Knoblauch eine Verzollung statt nach

1. dimiduum plaustratum = 1 d.
2. quarta pars plaustrati = $1/2$ d.
3. inferius quoque = nihil.

Noch im Sachsenspiegel I p. 256 findet sich die Stelle: § 3: En idel wagen gift halven toln jegen enen geladenen; die halve wagen den halven deil.[2])

Dies war der eine Modus, das Ungenaue der reinen Transportmittelveranlagung zu korrigieren. Zu gleicher Zeit aber bilden sich auch aus ihr heraus und in Anlehnung an sie gewisse Quantitäten von der Art bestimmter Maße. Sie befinden sich auf dem Transportmittel, welches aber bei der Veranlagung ohne Einfluß bleibt. Ein Beispiel hierfür haben wir in den Regensburger Urkunden 1192:[3]) Jtem de onere plaustri, quod vulgari dicitur acin wagengiwant sicut funibus circumligatis a Colonia ducitur, tria talenta solvantur. Wie groß dieses Maß gewesen ist, können wir aus der Stelle nicht erfahren, sicher ist es aber von bestimmter Größe. Dieselbe Bewandtnis hat es mit folgenden Normierungsbezeichnungen.

---

[1]) H.-U.-B. I Nr. 432 S. 144—147.
[2]) Braunh. S. 48[50]) dasf.
[3]) Keutgen, Nr. 86 § 17

König Ottokar erläßt im Jahre 1270 für Wiener-Neustadt eine Bestimmung bezüglich der Mautgebühren der über Neustadt fahrenden Bürger von Judenburg. Hier heißt es: Der Bürger von Judenburg zahlt für das Warenquantum „ungesambt" = XII den. Einfuhrzoll in Wiener-Neustadt; fährt er über Wiener-Neustadt hinaus und kommt wieder zurück, so zahlt er bei der Rückkehr in die Stadt noch einmal für den Überschuß über das bereits früher verzollte Quantum. Für onera ligata, oder sam genannt, werden ebenfalls XII. den. bezahlt unter denselben Bedingungen. „Ungesambt" und „sam" sind für die Zollveranlagung hier zwei Zollmaßstäbe. Was stellen wir uns darunter vor?

In den Maßstab ungesambt wird zusammengefaßt: quicquid nach der Urkunde, d. h. allerhand Gegenstände. Ich möchte dieses Maß zusammenbringen mit einer Stelle aus der Urkunde von Regensburg a. 1192.[1]) Hier lautet § 21: Si institores de mercimoniis suis, que cramgiwant dicuntur, tantum duxerint, ut possint equipperari dimidio currui vestium, XII ß dabunt . . . . . .

Cramgiwant ist ein Gesamtbegriff für die verschiedenartigen Waren, mit denen der Krämer Handel treibt.[2]) Es sind Sachen, die man weder zählen, noch im Hohlmaß messen kann; oder sie sind in solch kleinen Mengen vorhanden, daß es sich nicht verlohnt sie zu wiegen.[3]) Das quicquid in der Bestimmung, welches den Inhalt des „ungesambt" bildet, läßt den Schluß zu, daß wir es hierbei mit derselben Sache zu tun haben, die in Regensburg mit cramgiwant bezeichnet ist. Man hat dort „ungesambt" näher beschrieben dadurch, daß man es darstellt als etwas, was nicht zusammengeschnürt ist, während „sam" den Gegensatz dazu bildet als onus ligatum, eine verschnürte Last.[4])

---

[1]) Keutgen: Urk. Nr. 86.
[2]) Keutgen: Der Großhandel im Mittelalter S. 80.
[3]) a. a. O.[2]) ein kurzes Verzeichnis der Krämerwaren u. Literaturangabe S. 80[30]).
[4]) vestimentum in der Urkunde von Regensburg, Keutgen Nr. 52 § 19, ist vielleicht ebenfalls eine derartige Normierungsweise.

Dies waren einige Maße für Körper im festen Zustand. Ein interessantes Maß haben wir auch für Flüssigkeiten, welches sich auch aus der Wagenveranlagung heraus entwickelt hat. Es ist die am Rhein und an der Elbe vorkommende carrata oder carrada vini.[1]

Auch im Wetterauer Zolltarif a. 1265 begegnen wir diesem Maß, für eine carrata vini franconici werden 4 d. bezahlt. Braunholtz übersieht dies,[2]) er hält carrata vini für einen Karren Wein. Doch läßt der Wortlaut der Urkunde keine andere als unsere Erklärung zu. Es heißt: Jtem de qualibet carrata vini franconici empti et vendendi, quod per terras ducitur super currus, quatuor den. colon.[3] dari debent. Die carrada wird in der Folgezeit am Rhein ein Normalmaß für die Angabe der Höhe eines Tarifs, die Tarifierung nach Zollfudern ist später beibehalten.[4] An der Elbe vertritt später die Heringstonne die Stelle des Zollfuders.[5]

So machte sich in der Tarifierung eine Wandlung notwendig; der Schritt von der Unterscheidung der verschiedenen Warengattungen zu der sich im Laufe der Zeit gebildeten einzelnen begrenzten Maße für gewisse Waren führte dazu, eine allgemein gültige Norm für alle Waren zu grunde zu legen und nach Gewicht, Maß und Wert der Waren den Zoll zu bemessen.

Weißenborn hat[6] einige Quantitätsnormen angegeben. Wir möchten auf die große Zollrolle Damme 1252 hinweisen.[7] Die Normierung wird dort nach verschiedenen Grundsätzen durcheinander und nebeneinander vorgenommen. Wir können unterscheiden Verzollung nach Maßen in Analogie zu den Hohlmaßen sodann nach Gewicht, nach Anzahl.

---

[1] Lamprecht II 287 und 305 und Weißenborn S. 219¹).
[2] a. a. O. S. 53.
[3] Über den Münzfuß vergl. Lamprecht II 302.
[4] Lamprecht II S. 287 und 305. vergl. auch dort 287, das Verhältnis des Fuders Wein zu dem großen Turnos = 12 d.
[5] Weißenborn 219/20.
[6] a. a. O. S. 219 ff.
[7] Hans. U.=B. I Nr. 432.

Kapitel V.
Zollpolitisches.

Wir haben schon an anderer Stelle darauf hinzuweisen Gelegenheit gehabt, daß nicht alle Leute in gleicher Weise zum Zoll herangezogen werden. Es besteht zuerst nur Zoll für die mercatores, sodann genießen Einheimische Vorrechte vor den Fremden, und endlich sind auch die Zölle für die verschiedenen Fremden verschieden. Über den ersten Punkt, der die alleinige Zollpflicht für Handelsware betrifft, haben wir oben ausführlich gesprochen. Das Verhältnis der Einheimischen und Fremden zu dem Zoll behandelte in neuester Zeit Th. Stolze[1]) in seiner Dissertation, deren wir schon öfters Erwähnung getan haben, und deren Resultate auch unten noch zu prüfen sein werden. Stolze glaubt, daß die mittelalterliche Städtepolitik die Tendenz gehabt habe, durch Schutzzölle die fremden Kaufleute abzuhalten und dadurch den einheimischen Handel und Wandel zu heben resp. den Nutzen desselben nur dem Bürger zugute kommen zu lassen. Er ist der Meinung, daß man in der Behauptung, daß die Zölle im Mittelalter niemals „handelspolitische Waffen im wirtschaftlichen Konkurrenzkampf" gewesen seien, entschieden zu weit gehe. Ganz anders sieht die städtischen Zollverhältnisse G. Schönberg[2]) an. Er stellt den Satz auf: „Die Städtewirtschaft des Mittelalters kennt noch keine Schutzzölle zur Beförderung der einheimischen Industrie." Auch Frensdorff[3]) ist derselben Ansicht: „Der Zoll (der lübischen Zollordnung) ist ein Finanzzoll, der an einer bestimmten Station von ankommenden, ausgehenden, verweilenden Personen und ihren Waren zu keinem anderen Zweck erhoben wird als: dem Inhaber des Zollrechts eine Einnahme zu verschaffen." Dieser letzteren Ansicht ist beizustimmen, denn dem Mittelalter ist jene Methode des Schutzes gegen fremde Arbeit nicht geläufig.

---

[1]) a. a. O. S. 49.
[2]) Hildebrands Jahrbücher für Nationalökonomie und Statistik Bd. IX S. 23 Anm. 25.
[3]) a. a. O. S. 125.

Nun aber erhebt sich die Frage: Wie sind bei dieser An=
nahme die verschiedenen Zollvorrechte der Bürger zu erklären?
Wir haben oben gesehen, daß die Höherbelastung der Fremden
besonders auffällig bei dem Kopfzoll und Vorzoll erscheint,
welche Zölle nur von dem fremden Kaufmann zu entrichten
sind. Sodann tritt bei den Abgaben für die Markteinrichtungen
der Unterschied zwischen Bürgern und Fremden wieder recht
markant hervor. Trotzdem aber möchten wir nicht annehmen,
daß diese höheren Zölle den eigentlichen Zweck gehabt haben,
die Fremden vom Besuch des Marktes abzuhalten oder ihren
Verkehr daselbst einzuschränken. Sehen wir uns daraufhin die
Lübische Rolle 1227 etwas genauer an.

Aus dem § 1 geht hervor, daß nur der Fremde (qui
venit in civitatem) zollpflichtig ist. Der Bürger ist der Stadt
gegenüber zu mancherlei Leistungen verpflichtet, wie das bei
einem Gemeinwesen nicht anders sein kann. Nichts ist daher
billiger, als daß der außerhalb der Stadt Wohnende auf dem
Markt mit dem Bürger nicht gleichgestellt wird, daß er viel=
mehr zu höheren Sätzen verpflichtet ist. Darum bezahlt er
auch den Vorzoll, während der Bürger davon befreit ist. Dieser
Zoll wird nun in Beziehung zum Bürgerrecht gebracht in der
Lübecker Rolle 1227, indem der Fremde, der sich das Bürger=
recht erwirb, nur noch einmal den Vorzoll zahlen muß, dann
aber von ihm befreit ist. Damit ist der Vorzoll in Parallele
zu setzen zu den Leistungen des Bürgers, die ihm aus seinem
Bürgerrecht erwachsen. Das sind vor allen Dingen Leistungen
pekuniärer Art, Steuern. Das Eisenacher Stadtrecht 1283 § 107 [1])
nennt diese Leistungen **usus ville**. Anmerkung: **Qui non est
burgensis et non facit usus ville** etc. Deutlicher spricht
sich eine Utrechter Bestimmung aus:[2]) „**Nos scultetus . . . .
statuimus, ne quis deinceps vendat vas vini vel amplius
alicui, qui illud velit vendere ad tappum in Trajecto, nisi
emptor illius vini sit civis Trajectensis solvens precarias
sive exactiones et ad alia honora civitatis sit astrictus.**

---

[1]) Gaupp I 202/3.
[2]) Hans. Urk.=B. I Nr. 254.

Der Verkauf von Wein im kleinen soll in Zukunft nur dem Bürger gestattet sein, und zwar hebt die Urkunde ausdrücklich hervor, daß dies aus dem Grunde geschehe, da der Bürger zur Steuerzahlung und außerdem zur Übernahme städtischer Ehrenämter verpflichtet sei.

So kommen wir also zu dem Schluß, daß die Fremden den Zoll bezahlen als Äquivalent zu der Steuerpflicht der Bürger. Die mittelalterliche Stadt schützt die eigene Industrie vor der fremden nicht durch Schutzzölle, sondern durch das einfache Verbot, wie uns viele Beispiele beweisen. Die Krämer, die von Stadt zu Stadt ziehend mit den verschiedenartigsten Waren Handel trieben, machten z. B. den städtischen Handwerkern immer Konkurrenz. Sehr unliebsame Gäste waren sie daher, wenn sie in Städten, wo besondere Handwerkserzeugnisse verfertigt wurden, mit ebensolchen Gegenständen handelten. Lübeck erfreute sich einer Industrie der Paternosterkränze aus Bernstein, Korallen, Knochen, Mistelholz und gewöhnlichem Holz.[1] Im Jahre 1366 existierte ein Amt der Paternostermacher daselbst. Es ist wohl vorgekommen, daß die Krämer diesem einheimischen Industriezweig Konkurrenz machten. Denn im Jahre 1466[2] erscheinen die Paternostermacher in Lübeck vor dem Rat und bitten, „dat se den kremern vorbeden wolden laten, dat se vurder nyne bernsteen paternoster meer veyle hedden." Dies geschah „van schelinghe wegen, de ze under malkander hadden darumne, dat de kremer bernsteen paternoster to kope veyle hebben, welk erem ampte (sc. der bernsteen paternostermaker) to grotem vorfange hinder unde schaden were." Der Rat entscheidet darauf „dat se edder de erbenomeden kremer nyne bernsteen paternoster binnen Lubeke edder enen anderen wech gemaket binnen edder buten huses meer veyle hebben edder vorkopen scholden.[3]

---

[1] Stieda: Hansisch-venetian. Handelsbeziehungen S. 111.

[3] Wehrmann: Die älteren Lübeckischen Zunftrollen S. 288.

[2] Wehrmann: Desgl.; noch manche Rollen zum Schutze des einheimischen Handwerks auch bei Rüdiger z. B. S. 255. 1491. (Älteste Hamburgische Zunftrollen.)

In Wiener-Neustadt waren die einheimischen Fleischer und Wollverkäufer den fremden gegenüber mit Vorrechten ausgestattet, wie aus dem Statut über Rechte und Gewerbe des Jahres 1310[1]) hervorgeht. Die fremden Fleischer werden unter schweren Bedingungen zum Besuch des Marktes zugelassen. § 1 enthält u. a. die Verordnung, daß die fremden Fleischer nur bis Mittag verkaufen dürfen mit Ausnahme der Zeit zwischen Palmarum und Ostern, wo sie während des ganzen Tages Verkaufszeit haben.[2])

Es geht die Tendenz dahin, an der Versorgung der Stadt mit Waren in erster Linie den Handwerker der Stadt selbst teilnehmen zu lassen resp. an Orten mit einer besonderen Fabrikation (z. B. der Paternoster in Lübeck) den Krämern den Verkauf mit solchen Waren zu untersagen.

Leider gehören die angeführten Beispiele einer etwas späteren Zeit an, doch kam uns darauf an, die Tatsache festzustellen, daß im Mittelalter, auch nach dem 13. Jahrhundert als dem Schluß der uns speziell interessierenden Periode, die städtische Politik das einheimische Handwerk nicht durch Schutzzölle, sondern durch das einfache Verbot fremder Ware schützte. Wenn Stolze[3]) annimmt, daß der Zoll eine derartige Tendenz gehabt habe, so trägt er in die mittelalterlichen Zollverhältnisse moderne Anschauungen hinein, die in Wirklichkeit in ihnen nicht vorhanden waren.

Nun machen wir aber die interessante Beobachtung, daß für die verschiedenen Fremden nicht etwa Gleichheit in der Zollhöhe herrscht, sondern daß vielmehr unter ihnen wieder der Zoll verschieden hoch bemessen wird. Diese eigentümliche Tatsache ist natürlich bei den Kennern der mittelalterlichen Zollverhältnisse Gegenstand lebhafter Kontroverse gewesen. Auch wir dürfen nicht unbeachtet daran vorübergehen, um so weniger, als sich bei genauerer Prüfung verschiedener Rollen aus verschiedenen

---

[1]) Keutgen: a. a. O. Nr. 269.
[2]) vergl. hierzu auch Keutgen: Urkunden Nr. 258 a. 1152—92. Magdeburger Urkunde über Meisterwahl und Innungsrecht.
[3]) a. a. O. S. 22.

Gegenden herausstellt, daß manche verkehrte Vorstellungen vor=
zuherrschen scheinen.

Falke[1]) sieht in den Transitzöllen ursprünglich reine Ge=
bührenzölle, Niggl[2]) meint, es wären Abgaben, die lediglich
aus fiskalischen Erwägungen erhoben wurden quasi als indirekte
Steuer für die den Deutschen verhaßten direkten Steuern.

Es wird sich aus dem folgenden ergeben, daß keiner dieser
extremen Anschauungen beizustimmen ist. Es ist vielmehr
Waitz zu folgen, der sehr richtig hierüber bemerkt:[3]) „Feste
Grundsätze über die Höhe der Abgaben hat es, soviel erhellt,
nicht gegeben. Alles beruhte auf Gewohnheit und Herkommen,
über deren Grund und Berechtigung man in den einzelnen
Fällen sich schwerlich Rechenschaft zu geben wußte."

„Zeigt sich dergestalt in einzelnen Ansätzen wohl eine ge=
wisse Gleichartigkeit, so überwiegt doch die Verschiedenheit durch=
aus. Zufälligkeiten aller Art haben ohne Zweifel auf die ein=
zelnen Bestimmungen Einfluß geübt; hie und da mögen Inter=
essen des Handels, Wunsch die Ein= und Ausfuhr zu begünstigen
mitgewirkt haben; von allgemeineren höheren Gesichtspunkten
aber ist bei den getroffenen Einrichtungen nichts zu erkennen."[4])

Wir wollen an der Hand der Quellen diese Frage im
einzelnen behandeln unter Berücksichtigung der hierüber ver=
breiteten Ansichten.

Lamprecht bringt die Tatsache der ungleichen Behandlung
der verschiedenen Fremden an den Zollstätten mit dem Ge=
bührenprinzip zusammen. Er meint, die Tarifierung habe in
Anlehnung an den Gedanken der Straßenbenutzung bezw. des
Geleites auf das Transportmittel stattgefunden. Für die Richtig=
keit dieser Annahme glaubt er einen Beweis in der Zollfreiheit
der talwärts fahrenden Schiffe zu finden, die sich daraus er=

---

[1]) Geschichte des deutschen Handels 1859/60 I S. 236.
[2]) Der Zoll im alten deutschen Recht und nach modernem Reichs=
recht 1897.
[3]) IV. S. 69.
[4]) VIII. S. 298.

kläre, daß sie den Leinpfad nicht benutzten.¹) Auch Sommerlad²) ist der Meinung, daß bei der Vornahme der Tarifierung das Gebührenprinzip zu grunde gelegen habe und sucht dies ebenfalls an den beiden Koblenzer Tarifen zu beweisen. In der Tat finden wir anderwärts urkundliche Belege, wo deutlich ausgesprochen wird, daß der Zollempfänger dem Zollzahlenden zu Gegenleistungen verpflichtet ist. Das erste Straßburger Stadtrecht³) enthält darüber eine Verordnung § 58. Dieser Paragraph schreibt dem Zöllner und Burggrafen als Gegenleistung für die Zolleinnahmen vor, die Brücken in der Neustadt und Altstadt in solch' baulichem Zustande zu erhalten, daß sie Wagen und Vieh ohne Gefahr passieren können. Entsteht aber infolge der Baufälligkeit irgendwelcher Schaden, so haften die beiden Beamten dafür. Nach dem ältesten Augsburger Stadtrecht ist der Zollinhaber verpflichtet, als Gegenleistung für die Zolleinnahmen den Kaufleuten Geleit zu bieten. Episcopus ducatum ingredientibus egredientibusque dabit a. 1156.⁴)

Dasselbe schreibt Kaiser Friedrich II. 1235 im Mainzer Reichs-Landfrieden vor mit den Worten: Receptores vero teloneorum tam in terris quam in aquis debito modo teneri volumus ad reparationem poncium et stratarum, transeuntibus et navigantibus a quibus telonea accipiunt pacem securitatem et conductum, ita quod nichil amittant, quatenus durat districtus eorum, prout melius possunt fideliter procurando. Im § 9 fährt die Urkunde fort: Si bellum vel verra fuerit inter aliquos quorum alter vel uterque in strata teloneum habet vel conductum, neuter illorum nec quilibet alius in odium vel culpam illius ad quem ius telonei pertinet vel conductus quicquam transeuntibus rapiat, ut transeuntes per stratam securitate gaudeant et quiete.

Wir sehen aus diesen Stellen, daß der Zoll als Entgelt

---

¹) A. a. O. II S. 269 ²).
²) A. a. O. S. 36 ff.
³) Keutgen: Urkunden Nr. 126.
⁴) Keutgen: Urkunden Nr. 125 § 11.

für die Benutzung der Straßen, Brücken, Leinpfad und überhaupt aller Verkehrsvorrichtungen und daneben auch für das vom Zollempfänger gestellte Geleit an manchen Orten aufgefaßt worden ist. Stolze[1]) hat daher unrecht, wenn er dieses Prinzip nur für eine ältere Zeit anerkennen will. Auch ist Frensdorffs Ansicht, dem Stolze in diesem Punkte folgt, nicht gegen die Annahme des Gebührenprinzips als solchen. Denn wenn er sagt:[2]) „Der Kaufmann, der die Straße benutzt, schuldet den Zoll, einerlei, ob der Zollherr die ihm obliegenden Pflichten erfüllt oder nicht", so spricht er doch damit aus, daß der Zollherr eigentlich zur Instandhaltung der Verkehrsvorrichtung verpflichtet ist. — Wenn wir Sommerlads Meinung betreffs des Gebührenprinzips durch vier Stellen bestätigt gefunden haben, so ist seine Annahme über die Gründe der höheren Sätze für die Fernwohnenden entschieden unrichtig. Sommerlad sagt: „Je nach dem Orte der Herkunft ist die Höhe des Koblenzer Rheinzolles verschieden, so daß die Kaufleute aus der Nähe von Duisburg, Neuß, Deutz und Köln weniger zu zahlen haben als die von Huy, Dinant, Namur, Lüttich, Flandern und Antwerpen, Bommel, Heerwarden, Thiel, Utrecht und Deventer oder als die vom Oberland aus Mainz, Bingen, Worms, Speyer, Straßburg, Konstanz, Zürich, Regensburg und Würzburg, ohne daß freilich feinere Unterscheidungen der Entfernung hervortreten." [3]) Ein Blick auf die Karte zeigt uns, daß Bingen und Worms doch näher bei Koblenz liegen als Duisburg, Speyer nicht weiter, Bingen selbst näher als Köln u. s. w. Diese Beobachtung zeigt uns sofort, daß Sommerlads Annahme irrig ist, es ist ohne Zweifel verkehrt, daß der Zoll um so höher sein soll, „eine je längere Benutzung der Wasserstraße stattgefunden hat." Die unverhältnismäßig größeren Zollsätze für die weiter entfernten Kaufleute können nicht als eine Abgabe für größere Benutzung der Verkehrseinrichtungen angesehen werden, denn der Zollherr hat doch nur das Recht, bei seiner Zollerhebung

---

[1]) A. a. O. S. 55.
[2]) Hans. Gesch.-Blätter Jahrg. 1897 S. 126.
[3]) cf. d. Koblenzer Tarife bei Lamprecht a. a. O. II S. 300.

die Benutzung der Verkehrseinrichtungen seines Zollbezirks in Anschlag zu bringen,[1]) und die von ferne kommenden Kaufleute benutzen die im Verwaltungskreis der betreffenden Zollstätte befindlichen Verkehrseinrichtungen, wie Straßen, Brücken, Leinpfade doch in keiner anderen Weise als die aus der Nähe kommenden Kaufleute.

Die Frage der Höherbelastung der Fernwohnenden behandelt auch von Inama-Sternegg.[2]) Er sagt dort S. 224: „Ein zweites allgemeines Prinzip der territorialen Zollpolitik war die Begünstigung des Nahverkehrs vor dem Fernverkehr, des einheimischen vor dem fremden Kaufmann, der Landesprodukte vor den Fremdwaren." Eine Ausbildung dieses „Grundsatzes" findet er in der Zollordnung von Herzog Friedrich II. für die Bürger von Wiener-Neustadt 1244.[3]) Bei einer genaueren Prüfung der angezogenen Stelle[4]) ergibt sich jedoch, daß ein ganz anderes Prinzip der Zollrolle zu grunde liegt, wie von Inama annimmt. Es handelt sich in der Rolle um Bestimmung der Zollsätze in Wiener-Neustadt u. a. für die Kaufleute aus Graz, Leoben, Bruck, Friesach, Venedig. Auffällig ist sofort, daß die Kaufleute aus Friesach einmal unverhältnismäßig höheren Sätzen unterworfen sind — sie zahlen de sarcina (saum) 24 fris. den., während die Kaufleute aus den übrigen Städten für den Wagen blos 12 d. schuldig sind —, sodann aber auch nicht mit Wiener-Neustädter, sondern Friesacher Gelde bezahlen müssen. Ein Blick auf die Karte zeigt uns, daß diese bedeutend höheren Sätze nicht ihren Grund in der größeren Entfernung haben können, denn Friesach liegt kaum halbmal weiter von Wiener-Neustadt als Judenburg. Außerdem wäre durch diese Annahme immer noch unerklärt, warum sie nicht wie die übrigen Kaufleute mit einheimischen Denaren zahlen dürfen. In Wirk-

---

[1]) Vergl. das quatenus durat districtus im Mainzer Reichsfrieden F. II 1235.
[2]) a. a. O. 3^2 S. 224 u. 225.
[3]) Schwind-Dopsch a. a. O. 84.
[4]) vergl. dazu auch die von Inama 3^2 S. 517 in d. Beilagen veröff. Zolltarife.

lichkeit aber werden die Zölle in Wiener-Neustadt nicht nach der Größe der Entfernung des Heimatortes der Fremden bemessen, vielmehr werden die Friesacher in Wiener-Neustadt als Ausländer angesehen im Gegensatz zu den Kaufleuten aus den anderen Städten, die Inländer sind. Friesach liegt in Kärnten und gehört zum Erzbistum Salzburg, während Graz, Leoben und Bruck im Gebiete von Steiermark gelegen sind. Dies ist der Grundsatz, nach dem die Zölle bestimmt werden. Darauf führt schon die Tatsache, daß die Friesacher fremde Denare zu ihrer Zollbezahlung gebrauchen. Auch die Venediger werden lediglich als Ausländer zu höherem Zoll herangezogen. — Außer dieser urkundlichen Stelle aus der Ordnung von Wiener-Neustadt stützt sich von Inama[1]), Weißenborn folgend[2]), noch auf die Hamburger Zollrolle von 1262—63.[3]) Die Zollrolle hat folgendes zum Inhalt: Johann I. und Gerhard I., Grafen von Holstein, beurkunden die zur Zeit ihres Vaters, Graf Adolf IV., gültig gewesenen Zollsätze, welche durch Willkür der gesamten Kaufleute vom Meere geändert worden sind, und erlassen eine Zollordnung für die Kaufleute der Mark Brandenburg, die ihren besonderen Freibrief darüber empfingen, für die Kaufleute des Markgrafen von Meißen, des Erzbischofs von Magdeburg und der Herzöge von Braunschweig und Sachsen, sowie für alle Fremden, welche Hamburg besuchen. Nachdem im Eingang der Urkunde die zur Zeit Adolfs IV. gültig gewesenen Sätze und die durch die Kaufleute geschehene eigenmächtige Änderung derselben angegeben ist, wird festgesetzt, welche Zollhöhe von nun an maßgebend sein soll. Zuerst werden die Brandenburger genannt, denen die Magdeburger, Braunschweiger und Sachsen folgen, worauf einige Bestimmungen über Zollpflichten der Fremden überhaupt und der Sachsen speziell angegeben werden. Nunmehr werden die besonderen Zollrechte der Brandenburger normiert und am Schluß noch einmal über die homines marchionis Misnensis et

---

[1]) a. a. O. S. 224.
[2]) a. a. O. S. 58.
[3]) H. U.-B. I Nr. 573.

homines domini archiepiscopi Magdeburgensis et ducis de Bruneswic ac ducis Saxonie alia iura in theloneo festgesetzt.

Wir wollen der Übersicht halber die Zollsätze der Brandenburger, Magdeburger, Braunschweiger, Sachsen, nebst der speziellen Zollbestimmung für die Sachsen unter: I, die speziellen Rechte der Brandenburger und die am Schluß der Urkunde unter alia iura in theloneo festgesetzten Zölle der Magdeburger, Braunschweiger und Sachsen unter: II nennen in folgender Aufstellung:

I.

Die Kaufleute aus Brandenburg zahlen von:
1. last cupri = 4 ß
2. pacca linei panni = 4 ß
3. vas cinerum = 1 ß
4. vas ungenti porcorum = 2 ß

Die Kaufleute aus Magdeburg, Braunschweig und Sachsen zahlen von:
1. last cupri = 1 ß
2. pacca linei panni = 2 ß
3. vas cinerum = 1 ß
4. vas ungenti = 1 ß

Die Kaufleute aus Sachsen speziell:
1. de curru apportanti asseres vel cineres = 4 ₰
2. vas cinerum = 4 ₰
3. de curru venienti de terra ducis Saxonie apportanti ligna quercina = 8 ₰

Am Schluß werden noch einmal über die hominis marchionis Misnensis et homines domini archiepiscopi Magdeburgensis et ducis de Bruneswic ac ducis Saxonie alia iura in theloneo angegeben.[1]) Sie sind folgende:

---

[1]) H. Urk.-B. I S. 202.

II.

Die Brandenburger haben die Sätze:

1. plaustrata picis = 8 ₰
2. last cupri, stanni ferri, cere = 4 ₰
3. vas cinerum = 4 ₰

Die Magdeburger, Braunschweiger, Meißner und Sachsen haben folgende Sätze:

1. last cupri, stanni ferri = 4 ₰
2. de cineribus et picibus dabunt sicut et ceteri mercatores.

Die Friesen, die noch in der Urkunde erwähnt werden, können nicht zum Vergleich herangezogen werden, da sie durchweg andere Waren bringen, besonders Vieh.

Welches Bild ergeben nun die Tarife in Wirklichkeit?

von Inama sagt[1]) über unsere Urkunde: „Nach ihr stehen die Kaufleute in Hamburg um so ungünstiger, je weiter entfernt ihre Heimat von Hamburg ist." Sehen wir uns daraufhin die Karte[2]) der damaligen Zeit an, und vergleichen wir die Entfernungen der in Betracht kommenden Länder, wobei wir immer von dem äußersten Punkt der nach Hamburg zu gelegenen Grenze aus rechnen, so ergibt sich folgendes: Die Entfernung von Braunschweig nach Hamburg ist die kürzeste, ungefähr doppelt so weit entfernt liegt Sachsen, zehnmal so weit Brandenburg, fünfzehnmal so weit Magdeburg, fünfunddreißigmal so weit Meißen.

Wenn wir uns nun die Zollsätze unter I ansehen, so zahlen die Magdeburger, Braunschweiger und Sachsen gleichen Zoll, die Brandenburger dagegen haben höhere Sätze als die weiter entfernten Magdeburger. Nach II gesellen sich zu den Magdeburgern, Braunschweigern und Sachsen noch die fernen Meißener, während die Brandenburger genau so viel Zoll zahlen als die fernen

---

[1]) a. a. O. S. 224.
[2]) Spruner-Menke: Histor. Handatlas Karte Nr. 41.

Meißener. Hieraus ergibt sich, daß das Prinzip der Entfernung der Aufstellung der Zollsätze nicht zu grunde gelegen haben kann. Welches aber ist der wahre Grund der Verschiedenheit der Zollsätze der verschiedenen fremden Kaufleute? Vielleicht wird ein Licht auf diese Verhältnisse geworfen durch eine Urkunde aus der Zeit um 1208.[1]) Hier beurkunden die Bürger von Speyer, wie sie mit denen von Worms über die gegenseitigen Zollabgaben übereingekommen sind, und Urkunden solchen Inhalts finden sich noch öfter.

Der Wetterauer Zolltarif aus dem Jahre 1265[2]) verdankt seine Entstehung einer Vereinigung der Herren und Städte (Frankfurt, Friedberg, Wetzlar und Gelnhausen) der Wetterau zu einem Landfrieden. Sie bestimmen gemeinsam die Zollhöhe und versichern sich gegenseitigen Schutzes. Die Einkünfte aus dem Zoll werden verwandt für die Aufrechterhaltung des Friedens und die Kosten, quas negocium hoc requirent. So bestand also dort ein Zoll, der von den Leuten, die von ihm am meisten betroffen wurden, selbst festgesetzt war. Neben diesen Beispielen, aus welchen wir sehen, daß bei der Aufstellung der Zollsätze die Kaufleute, für die dieselben Geltung haben sollen, beteiligt gewesen sind, finden sich eine große Anzahl Urkunden, die die Zusicherung gegenseitiger Zollfreiheit zweier Städt berichten, oder durch welche ein Fürst oder eine Stadt den Kaufleuten einer anderen Zollprivilegien gewährt. Die Beispiele sind so häufig, daß wir es unterlassen können, hier mehrere solche aufzuzählen. Nur je ein Beispiel sei erwähnt. Zwischen Worms und Frankfurt bestand ein derartiger Vertrag. Von Worms wurde ein nuncius civium, ein Botschafter, nach Frankfurt entsandt, dessen Aufgabe es war, seine Landsleute in Zollangelegenheiten zu vertreten resp. zu rekognoszieren den Wormser Kaufleuten gegenüber. Die in Frankfurt anwesenden Wormser waren verpflichtet, ihm für seine Bemühungen einen Denar zu

---

[1]) bei Boos: Quellen zur Geschichte der Stadt Worms I Nr. 111.
[2]) Bochmer: Urkund.-Buch der Reichsstadt Frankfurt 1. Bd. bearbeitet von F. Lau. 1901. Nr. 254.

bezahlen.[1]) Anderswo besaßen die betreffenden Kaufleute bestimmte von dem Rate ihrer Stadt ausgestellte Pässe, die ihnen als Ausweis dienten.[2])

Von einem interessanten Zollprivileg berichtet 1245[3]) der Brief der Speyerer Bürgerschaft an die Handeltreibenden des Reiches in Betreff der von Kaiser Friedrich II. gestatteten jährlichen Herbstmesse. Nachdem Kaiser Friedrich II. der Stadt Speyer die Erlaubnis eines zweimal jährlich abzuhaltenden Jahrmarkts gestattet hatte, machen die Bürger allen Kaufleuten bekannt, daß sie ihnen bei Besuch desselben den halben Zoll erließen mit Ausnahme der Kaufleute aus den Städten Utrecht, Worms, Köln und Trier, „que apud nos mutua et minuta dare thelonea consueverunt, et eorum dyocesiani consuetudine sua et iure debito perfruantur.

Betrachten wir nunmehr in einer Reihe mit den eben erwähnten Zollprivilegien die verschiedenen Zollsätze für die verschiedenen Fremden in den oben angeführten Rollen, so drängt sich uns die Vermutung auf, daß auch dort wahrscheinlich die Zollhöhe auf gegenseitige Vereinbarung zurückzuführen sein wird. Freilich fehlt in den Urkunden jegliche Andeutung hierüber, doch wäre dies noch nicht Grund genug, um die Möglichkeit solcher Verabredungen auszuschließen. Jedenfalls hat diese Annahme mehr Wahrscheinlichkeit für sich als die Meinung, daß die Festsetzung der Zölle für die Fremden nach dem Gebührenprinzip in Anlehnung an die Idee der Straßenbenutzung stattgefunden habe.

Resultate.

Wir wollen am Schluß die Resultate der Untersuchung zusammenfassen. Um ein richtiges Bild von den Märkten in den deutschen Städten des Mittelalters zu bekommen, sind sie

---

[1]) Boos: Rhein. Städtekultur III S. 266. U.-B. III S. 231, II 727, I 224.
[2]) Weißenborn, a. a. O. S. 210.
[3]) Hilgard U.-B. Nr. 70.

nicht unter dem Gesichtspunkt zu betrachten, ob sie dem Klein= oder Großhandel gedient haben, sondern es ist zu fragen: was für Leute es gewesen sind, die den Handel vermittelten; ob Einheimische und Nachbarn oder Fremde. Von diesem Standpunkt aus sehen wir dann auch, daß es unrichtig ist, von einer von Jahr zu Jahr schlechter werdenden Stellung der fremden Kaufleute auf dem einheimischen Jahrmarkt zu reden.

Was den Zoll besonders anlangt, so konnten wir nachweisen, daß das von Karl dem Großen aufgestellte Prinzip von der alleinigen Zollpflicht der Kaufmannsware durch das ganze Mittelalter hindurch Gültigkeit hatte. Dies war der oberste Gesichtspunkt bei der Aufstellung der Zollrollen. Die Zölle selbst treten mit der größten Unregelmäßigkeit und Mannigfaltigkeit in den Rollen auf. Um die Zollverhältnisse richtig erfassen zu können, haben wir die Zölle in bestimmte Klassen eingeteilt und jede auf ihre spezifische Bestimmung hin betrachtet. Demselben Grundsatz sind wir auch bei der Darstellung des Zolltechnischen gefolgt. Hierbei haben wir die Beobachtung gemacht, daß man sehr vorsichtig sein muß bei der Aufstellung allgemein gültiger Normen, daß man sich vor allen Dingen hüten muß, Bestimmungen, die für gewisse Territorien nachzuweisen sind, allgemeine Gültigkeit zuzuschreiben. Der Charakter des Zolles ist Gegenstand lebhaften Streites. Wir meinen, daß der Zoll wesentlich Finanzzoll gewesen ist. Die städtische Politik schützte das einheimische Handwerk nicht durch Schutzzölle, sondern durch das einfache Verbot fremder Ware. Der Fremde bezahlte höheren Zoll als Äquivalent zu der Steuerpflicht des Bürgers Bei den verschiedenen Fremden auf dem einheimischen Markt sind die Entfernungsunterschiede als solche nicht bestimmend für die Bemessung der Zollhöhe.